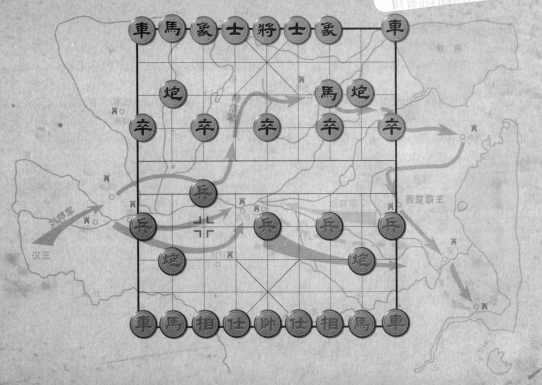

仙人指路对左正马

黄少龙 段雅丽 杜彬 编

经济管理出版社·棋书中心

图书在版编目（CIP）数据

仙人指路对左正马/黄少龙，段雅丽，杜彬编 . —北京：经济管理出版社，2017.1
ISBN 978-7-5096-4553-6

Ⅰ.①仙…　Ⅱ.①黄…　②段…　③杜…　Ⅲ.①中国象棋—布局（棋类运动）　Ⅳ.①G891.2

中国版本图书馆 CIP 数据核字（2016）第 204097 号

组稿编辑：郝光明
责任编辑：郝光明
责任印制：黄章平
责任校对：赵天宇

出版发行：经济管理出版社
　　　　　（北京市海淀区北蜂窝 8 号中雅大厦 A 座 11 层　100038）
网　　址：www.E-mp.com.cn
电　　话：（010）51915602
印　　刷：三河市聚河金源印刷有限公司
经　　销：新华书店
开　　本：720mm×1000mm/16
印　　张：12.25
字　　数：226 千字
版　　次：2017 年 1 月第 1 版　　2017 年 1 月第 1 次印刷
印　　数：1-5000 册
书　　号：ISBN 978-7-5096-4553-6
定　　价：35.00 元

总　序

　　具有初、中级水平的棋友，如何提高棋力？这是大家关心的问题。

　　一是观摩象棋大师实战对局，细心观察大师在开局阶段怎样舒展子力、部署阵型，争夺先手；在中局阶段怎样进攻防御，谋子取势、攻杀入局；在残局阶段怎样运子，决战决胜，或者巧妙求和。从大师对局中汲取精华，为我所用。

　　二是把大师对局按照开局阵式分类罗列，比较不同阵式的特点、利弊及对中局以至残局的影响，从中领悟开局的规律及其对全盘棋的重要性。由于这些对局是大师们经过研究的作品，所以对我们有很实用的价值，是学习的捷径。

　　本丛书就是为满足广大棋友的需要，按上述思路编写的。全套丛书以开局分类共 51 册，每册一种开局阵式。读者可以选择先学某册开局，并在自己对弈实践中体会有关变化，对照大师对局的弈法找出优劣关键，就会提高开局功力，然后选择另一册，照此办理。这样一册一册学下去，掌握越来越多的开局知识，你的开局水平定会大为提高，赢棋就多起来。

　　本丛书以宏大的气魄，把象棋开局及其后续变化的巨大篇幅展示在读者面前，是棋谱出版的创举，也是广大棋友研究象棋的好教材，相信必将得到棋友们的喜爱。

黄少龙

2013. 11. 6

前　言

　　黑跳左正马，是为了出左横车，弃3卒兑兵移车右翼，这样布局黑比较易走。但红可以三兵制马，再平边炮亮右车，于是红挺双兵活马，黑右马没有好位，仍属红方先手。

　　如果红改为还中炮，则黑挺7卒跳右马，形成中炮直车挺七兵对屏风马局，大家都熟悉，互不吃亏。

　　如果红急于出马盘河，则黑起横车之后，再跳边马，伏伸右炮打马等对攻手段，或者后补右中炮，再弃3卒兑兵，调横车至右翼抢先。

　　红方还有跳马平边炮亮左车的攻法，黑以屏风马应战，红后补右中炮，黑右炮巡河左车横出右肋，形成对攻局面。

黄少龙　段雅丽

目　录

第一章　两头蛇

第1局　金波胜宋国强

1. 兵七进一　马8进7
2. 兵三进一　炮2平3
3. 马八进九　卒1进1
4. 车九平八　卒1进1？（图1）
5. 兵九进一　车1进5
6. 炮八平三！马2进1
7. 兵三进一　马7退5
8. 炮三平五　卒7进1
9. 炮五进四　马5进6
10. 炮二平五　炮8平7
11. 相三进一　车9平8
12. 马二进四　车1进1
13. 马四进六　车1平5
14. 车八进三　车8进6
15. 车八平五　车8平5
16. 车一平二　卒3进1
17. 马九进七　马1进2
18. 车二进三　马6进7
19. 车二平五　马7进5
20. 马七进五！（图2）

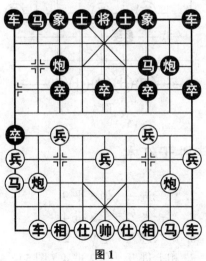

图1

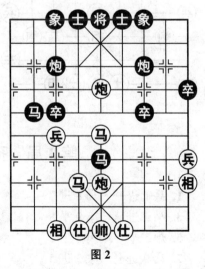

图2

第2局　李来群胜苏文生

1. 兵七进一　马8进7
2. 兵三进一　车9进1
3. 马二进三　象3进5
4. 相七进五　马2进4
5. 车一进一　炮2平1
6. 马八进七　卒3进1
7. 兵七进一　车1平3
8. 马七进八　车3进4（图3）
9. 车九平七　车3进5
10. 相五退七　马4进6
11. 车一平七　马6进5
12. 车七进六　炮1进4?
13. 车七退四　炮1退2
14. 马八进九　炮1平2
15. 马三进四　车9平4
16. 马九进七　炮2退2
17. 马四进六　炮8进2
18. 炮二平六　车4平3
19. 马六进八！车3平4
20. 炮八进五　车4进6
21. 马八进六！（图4）

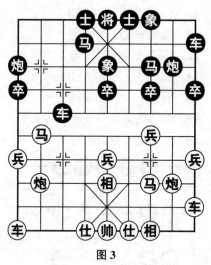

图3

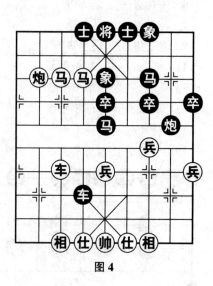

图4

第3局　孙志伟胜于红木

1. 兵七进一　马8进7
2. 兵三进一　炮8平9
3. 马二进三　车9平8
4. 车一平二　车8进4
5. 炮二平一　车8平2
6. 炮八进五　炮9平2
7. 马八进七　象3进5
8. 相七进五　马2进4（图5）

9. 仕六进五　卒 7 进 1　　　　10. 兵三进一　车 2 平 7
11. 马三进四　士 4 进 5　　　　12. 车九平六　车 1 平 4
13. 车二进六　卒 3 进 1　　　　14. 兵七进一　车 7 平 3
15. 马七进八　车 3 平 2?　　　　16. 马八进六!　马 4 进 3
17. 车六平七　车 4 进 3　　　　18. 炮一平三　炮 2 平 3
19. 车七平六　马 7 进 6　　　　20. 车二退一　马 3 进 4
21. 炮三进二　车 4 进 1　　　　22. 马四进六　车 2 平 4
23. 兵五进一!（图 6）

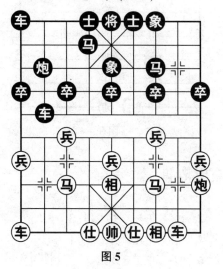 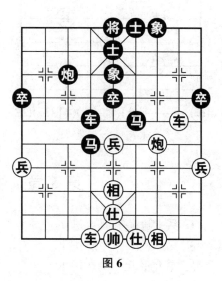

图 5　　　　　　　　　　　　　　　图 6

第 4 局　何连生负郭福人

1. 兵七进一　马 8 进 7　　　　2. 兵三进一　炮 2 平 3
3. 相七进五　马 2 进 1　　　　4. 炮八进五　象 3 进 5
5. 马八进七　炮 8 平 9　　　　6. 炮二平三　车 9 平 8（图 7）
7. 兵三进一　车 1 平 2　　　　8. 车九平八　卒 3 进 1
9. 兵三进一　马 7 退 5　　　　10. 马七进六　卒 3 进 1
11. 马六进四　车 8 进 4　　　　12. 马四进二　炮 3 退 1!
13. 炮八退六　炮 9 平 8　　　　14. 后马进一　车 2 进 4
15. 车一进一　马 5 进 3　　　　16. 车八平七　马 3 进 4!
17. 车七进四　马 4 进 5　　　　18. 炮三进七　士 6 进 5
19. 车七平五　马 5 进 3　　　　20. 炮三退二　车 8 平 4

21. 炮八平七　车 2 进 5　　　　22. 相五退七　车 2 平 3

23. 仕四进五　炮 3 进 7　　　　24. 相三进五？车 3 平 4！（图 8）

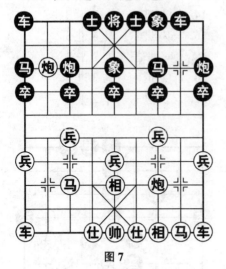

图 7

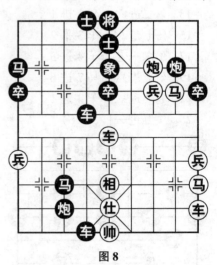

图 8

第 5 局　杨德琪胜谢靖

1. 兵七进一　马 8 进 7	2. 兵三进一　炮 2 平 3
3. 马二进三　卒 3 进 1	4. 马八进九　卒 3 进 1
5. 车九平八　马 2 进 1	6. 炮二进二　车 1 平 2（图 9）

7. 相七进五　车 2 进 6

8. 炮二平七　象 7 进 5

9. 炮八平七　车 2 进 3

10. 马九退八　炮 3 进 5

11. 马八进七　车 9 平 8

12. 车一进一　炮 8 平 9

13. 马三进四　车 8 进 4

14. 兵三进一　车 8 平 7

15. 车一平二　马 7 退 5

16. 车二进七　炮 9 进 4？

17. 马四进五！车 7 平 5

18. 马七进六　马 1 退 2

19. 马六进七！车 5 退 1

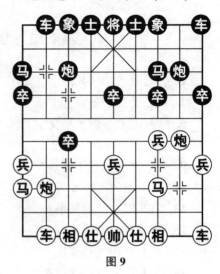

图 9

20. 马七进八　车5平4　　21. 炮七平五　炮9退2
22. 车二退三　车4退2　　23. 仕四进五　车4平2
24. 帅五平四!（图10）

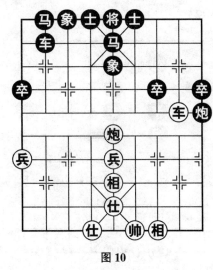

图 10

第6局　谢岿胜张晓平

1. 兵七进一　马8进7　　2. 兵三进一　炮2平3
3. 马八进九　炮8平9　　4. 马二进三　马2进1
5. 炮八进五　炮3进3（图11）
6. 车九平八　车1平2
7. 炮二进五!　车9进1
8. 相三进五　炮3退1
9. 兵九进一　车9平6
10. 车八进四　车6进5
11. 马三进二　车6平5
12. 马二进三　炮9退1
13. 车一平二　车2进1
14. 车八平六　炮9平7?
15. 车六进三　炮7进2
16. 车六平三　炮7平6
17. 仕四进五　炮6退2?

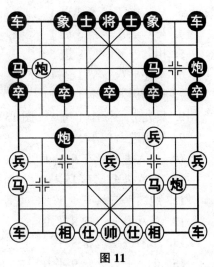

图 11

18. 炮二进二! 炮6平3　　　19. 车三进二　将5进1
20. 炮二退一! 象3进5　　　21. 车三平四　车2进1
22. 炮二平一　将5平4　　　23. 车四退一　士4进5
24. 车四退五（图12）

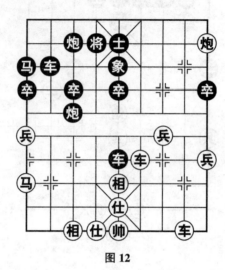

图12

第7局　张强胜李艾东

1. 兵七进一　马8进7　　　2. 兵三进一　炮2平3
3. 马二进三　卒3进1
4. 马八进九　卒3进1
5. 相七进五　象7进5
6. 车九平八　卒1进1
7. 马三进四　卒1进1
8. 兵九进一　车1进5（图13）
9. 马四进六!　车1进2
10. 马六进八　车9进1
11. 炮八进七　车1退3
12. 炮二平三　车1平8
13. 马八退七　炮8平9
14. 车一进一　车8平3
15. 车一平二　车9平6?

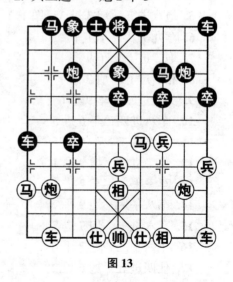

图13

16. 车二进六　炮9进4
17. 兵三进一　炮3进3
18. 车二平三！车3平7
19. 车三平五　士6进5
20. 仕六进五　车7进3
21. 车五平七　车6进7
22. 车七进二　将5平6
23. 车七退五　将6进1
24. 车七平二（图14）

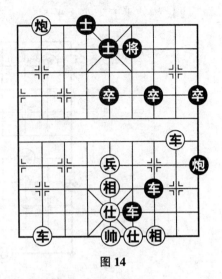

图14

第8局　吕钦胜付光明

1. 兵七进一　马8进7
3. 相三进五　马2进1
5. 马八进七　车1平2
6. 车九平八　炮8平9（图15）
7. 马二进一　卒9进1
8. 炮二平三　卒9进1
9. 兵一进一　车9平8
10. 马七进六　车8进7
11. 炮三进四　车8平9
12. 车一进二　炮9进5
13. 炮八进一　炮3退1
14. 车八进七！炮9进2
15. 相五退三　车2平1
16. 相七进五　卒1进1
17. 马六进四　马7退8
18. 炮三平七　炮3平4?
20. 炮七平八　士4进5
22. 车九平八　马8进9

2. 兵三进一　炮2平3
4. 炮八进五　象3进5

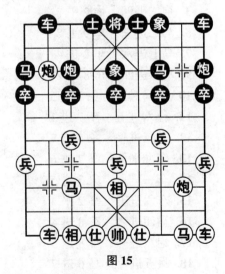

图15

19. 车八平九！车1平3
21. 车九退二　车3进3
23. 前炮平九　炮4平2

24. 炮八平五　车 3 平 5　　　　25. 车八进三！(图 16)

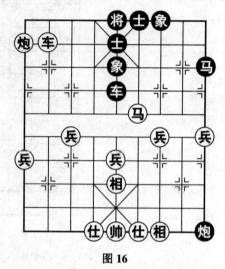

图 16

第 9 局　程鸣胜万春林

1. 兵七进一　马 8 进 7　　　　2. 兵三进一　炮 8 平 9

3. 炮二平四　炮 2 平 3　　　　4. 相七进五　马 2 进 1

5. 马二进三　车 9 平 8　　　　6. 马八进七　车 1 平 2

7. 马七进六　车 2 进 4　　　　8. 马三进四　炮 3 平 5 (图 17)

9. 马六进四　车 8 进 2

10. 前马进五　象 7 进 5

11. 仕六进五　卒 7 进 1

12. 兵三进一　象 5 进 7

13. 车九平六　马 7 进 6

14. 车一进一　象 3 进 5

15. 车六进五　车 2 平 4

16. 马四进六　车 8 进 4

17. 炮八进一　车 8 退 5

18. 兵五进一　马 6 进 7

19. 马六进四　车 8 进 4?

20. 相五进三！马 7 退 5

21. 马四退五　车 8 进 1

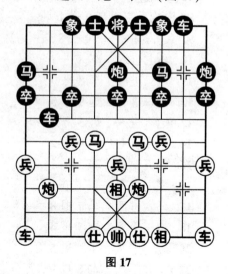

图 17

22. 马五退六　卒5进1　　　23. 炮四进四　卒1进1

24. 车一平四　马1退3　　　25. 马六进四！（图18）

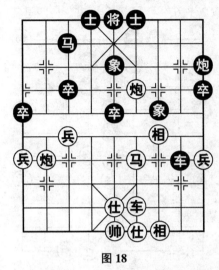

图 18

第 10 局　卜凤波胜苗利明

1. 兵七进一　马8进7　　　2. 兵三进一　炮8平9

3. 马二进一　车9平8　　　4. 车一平二　象3进5

5. 马八进七　卒3进1　　　6. 兵七进一　车8进4（图19）

7. 兵七平六　马2进4

8. 兵六进一　车8平4

9. 相七进五　车4退1

10. 炮二平三　车1平3

11. 车二进六　车3进4

12. 马一进三　卒5进1

13. 兵三进一　象5进7

14. 仕六进五　马7进5？

15. 车二平三　炮9平3

16. 炮三进三！车3进3

17. 炮三进四　士6进5

18. 炮八进二　车4进2

19. 炮三平一　将5平6

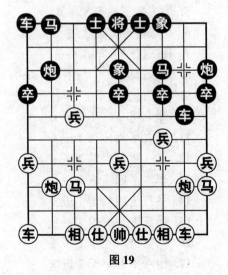

图 19

20. 炮八平七　车4平8　　　21. 车九平八　车8退3
22. 车三进三　将6进1　　　23. 炮七平四　炮3退2
24. 马三进四！炮2平6　　　25. 马四进二（图20）

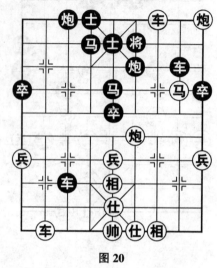

图 20

第 11 局　葛维蒲胜王鑫海

1. 兵七进一　马8进7　　　2. 兵三进一　炮8平9
3. 马二进一　车9平8　　　4. 车一平二　车8进4（图21）
5. 炮二平三　车8平4?
6. 兵三进一！象3进5
7. 兵三进一　车4平7
8. 马八进七　车7退1
9. 车二进三　马2进4
10. 车九进一　车7平6
11. 车九平六　马4进6?
12. 马一进三　马7进6
13. 车六平四　炮2进4
14. 马三进四！车1进1
15. 兵五进一　炮2平9
16. 马七进六　车1平2
17. 炮八平七　车2进3

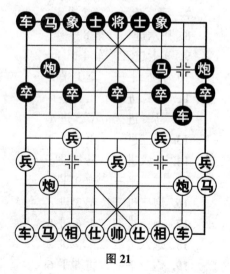

图 21

18. 车二平四　卒 5 进 1
19. 兵五进一　车 2 平 5
20. 炮三平五　士 6 进 5
21. 马六进七　车 6 平 4
22. 前车平五　车 5 进 2
23. 马四进六！车 5 退 3
24. 马六进七　将 5 平 6
25. 后马进六（图 22）

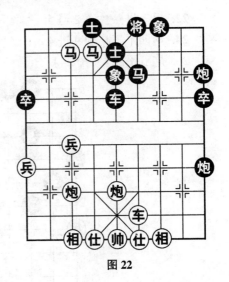

图 22

第 12 局　朱从思胜王跃飞

1. 兵七进一　马 8 进 7
2. 兵三进一　炮 8 平 9
3. 炮二平四　车 9 平 8
4. 马二进三　炮 2 平 5
5. 马八进七　马 2 进 3
6. 车九平八　车 1 平 2（图 23）
7. 炮八进四　马 3 退 1
8. 炮八退五　车 2 进 4
9. 炮八平五　车 2 进 5
10. 马七退八　车 8 进 4
11. 车一平二　车 8 平 6
12. 炮四平六　卒 3 进 1
13. 车二进六　车 6 平 4
14. 炮六平四　卒 3 进 1
15. 车二平三　马 7 退 9
16. 马三进四　车 4 平 2
17. 车三进二　车 2 进 5
18. 车三平一　炮 9 平 7
19. 相三进五　马 1 进 3
20. 车一平三　炮 7 平 8
21. 车三平二　炮 8 平 7？

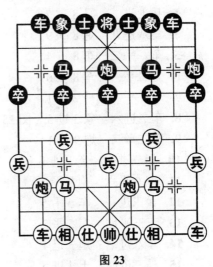

图 23

22. 兵三进一！ 车 2 退 5　　**23.** 兵三进一　 炮 7 平 9

24. 炮四平三！ 炮 9 进 4　　**25.** 炮三进七　 士 6 进 5

26. 炮五平二！（图24）

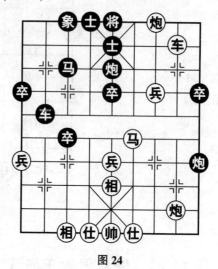

图 24

第 13 局　聂铁文胜廖二平

1. 兵七进一　马 8 进 7　　**2.** 兵三进一　 炮 2 平 3

3. 马八进九　炮 8 平 9　　**4.** 马二进三　 车 9 平 8

5. 车一平二　车 8 进 4

6. 炮二平一　车 8 平 6

7. 车九平八　马 2 进 1

8. 车二进六　象 3 进 5（图25）

9. 车二平三　炮 9 退 1

10. 相三进五　卒 1 进 1

11. 炮八平六　炮 9 平 7

12. 兵三进一　车 6 平 5？

13. 车三平四　车 5 平 7

14. 车八进七　炮 3 退 1

15. 马三进四　士 4 进 5

16. 仕四进五　车 7 平 6

17. 车四退一　马 7 进 6

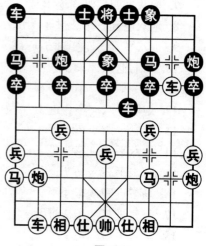

图 25

18. 炮一平四　炮7进1
19. 车八退一　马6进4
20. 马九退七　炮7进4
21. 马七进八　炮7平2
22. 车八退三　卒3进1
23. 车八进四！卒3进1
24. 马四进六　马4退6
25. 炮四平二　卒3平4
26. 马六进八！（图26）

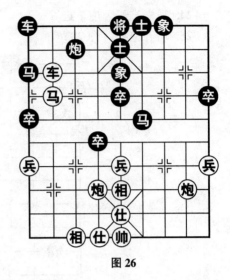

图 26

第14局　薛文强胜侯昭忠

1. 兵七进一　马8进7
2. 兵三进一　炮8平9
3. 马二进三　车9平8
4. 车一平二　卒3进1
5. 兵七进一　车8进4
6. 马八进七　卒7进1？（图27）
7. 炮八进三！象3进5
8. 兵三进一　象5进7
9. 相七进五　马2进4
10. 马七进六　车1平3
11. 车九平七　车8进2
12. 炮八退二　车8退3
13. 炮二进二　象7退5
14. 兵七进一　炮2平1
15. 兵七进一　车3平2
16. 炮二退三！车2平1
17. 炮二平八　车8进6
18. 马三退二　马4进6
19. 马二进三　士4进5
20. 前炮进五　炮1退1？
21. 兵七平八　炮9退1
22. 兵八平九　炮9平2
23. 前兵进一！车1平4

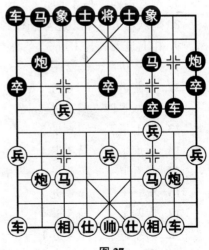

图 27

24. 马六进五　炮2进6　　　**25.** 车七进二　炮2退5
26. 马五进三（图28）

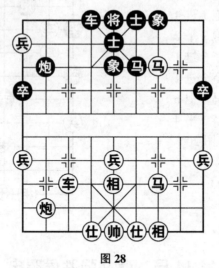

图 28

第 15 局　庄玉庭胜于幼华

1. 兵七进一　马8进7　　　**2.** 兵三进一　炮8平9
3. 炮二平四　车9平8　　　**4.** 马二进三　炮2平5
5. 马八进七　马2进3　　　**6.** 车九平八　车1平2
7. 炮八进四　马3退1
8. 炮八退五　车2进4（图29）
9. 相七进五　马1进3
10. 车一进二　车2平6?
11. 马三进四!　车6进1
12. 炮八平四　炮5进4
13. 马七进五　车6平5
14. 后炮平五　马7退5
15. 马五退三　车5平4
16. 车一平二　车8进7
17. 炮四平二　马5进4
18. 马三进二　车4进1
19. 马二进三　炮9进4

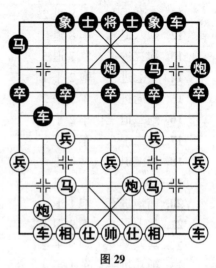

图 29

20. 车八进七　炮 9 平 1
21. 炮五平九　马 4 退 5
22. 马三进二！车 4 退 4
23. 车八退四　炮 1 退 2
24. 车八平四　马 5 进 7
25. 马二退四　将 5 进 1
26. 兵三进一　象 3 进 5
27. 车四平八！（图 30）

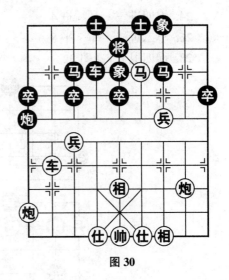

图 30

第 16 局　胡荣华胜王秉国

1. 兵七进一　马 8 进 7
3. 相七进五　象 3 进 5
5. 马三进四　卒 3 进 1
7. 车九平七　车 1 平 3
9. 马四进三　车 6 进 7?
11. 车一平二　卒 3 进 1
12. 仕六进五　炮 8 进 6
13. 炮三进一！炮 8 平 5
14. 仕四进五　卒 3 进 1
15. 车七平六　卒 3 平 4
16. 车六进一　车 3 进 9
17. 车六退一　车 3 退 1
18. 仕五退四　车 3 退 1
19. 马三退四！车 3 平 2
20. 仕四进五　车 2 进 1
21. 前马退六　马 4 进 3
22. 炮三平四　车 6 平 7
23. 车二进一　车 7 退 1

2. 兵三进一　车 9 进 1
4. 马二进三　马 2 进 4
6. 马八进六　卒 3 进 1
8. 炮二平三　车 9 平 6（图 31）
10. 马六进四　卒 3 进 1

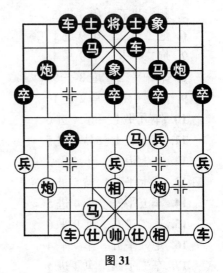

图 31

24. 炮四进三　马 3 进 4 　　　　**25.** 兵五进一　车 7 退 1

26. 车二进二　车 7 平 8 　　　　**27.** 马四进二　炮 2 进 4 ?

28. 炮四退五！（图 32）

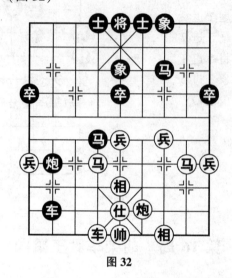

图 32

第 17 局　阎文清胜李家华

1. 兵七进一　马 8 进 7 　　　　**2.** 兵三进一　炮 2 平 3

3. 马二进三　卒 3 进 1 　　　　**4.** 马八进九　卒 3 进 1

5. 相七进五　象 3 进 5

6. 炮二进二　车 9 进 1

7. 炮二平七　车 9 平 4

8. 车一平二　炮 8 平 9（图 33）

9. 炮七平九　马 2 进 1

10. 车九平七　车 4 进 6

11. 车七进七　马 7 退 5

12. 车七退一　车 4 平 2

13. 车七平五！马 5 进 3

14. 车五平三　士 4 进 5

15. 车二进八　炮 9 平 6

16. 炮九平五　车 1 平 4

17. 车二平四　车 4 进 4

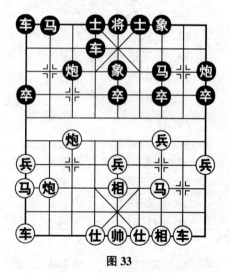

图 33

18. 炮五进四！象 7 进 9
19. 车三平二　炮 6 平 7
20. 马三进四　车 4 退 3
21. 车四退一　士 6 进 5
22. 车四平三　象 9 退 7
23. 车二平四　士 5 退 6
24. 车三平四　士 6 进 5
25. 前车平三　士 5 退 6
26. 车三平四　士 6 进 5
27. 前车进一　将 5 平 4？
28. 前车进一！（图 34）

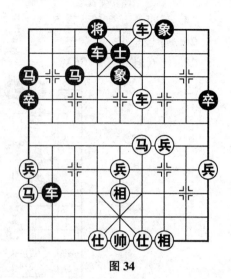

图 34

第 18 局　赵国荣胜林见志

1. 兵七进一　马 8 进 7
2. 兵三进一　炮 8 平 9
3. 炮二平四　车 9 平 8
4. 马二进三　炮 2 平 5
5. 马八进七　马 2 进 3
6. 车九平八　车 1 进 1
7. 仕六进五　车 1 平 4
8. 马三进四　卒 5 进 1（图 35）
9. 炮四平五　马 7 进 5
10. 炮八平九　车 8 进 4
11. 马四进五　马 3 进 5
12. 炮九进四　马 5 退 3
13. 炮九退一　卒 5 进 1
14. 炮五进二　马 3 进 5
15. 炮九退一　炮 5 进 3
16. 兵五进一　车 4 进 5
17. 车一进二　马 5 退 4
18. 车一平四　炮 9 进 4？
19. 车八进八　车 8 平 1
20. 炮九平八　车 1 平 4
21. 车八平七　后车平 2
22. 兵七进一！卒 3 进 1
23. 炮八平六！炮 9 平 5

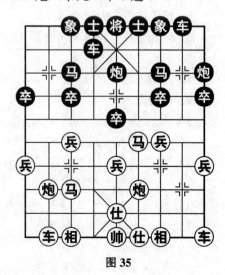

图 35

24. 车四平五　马4进5　　**25.** 兵五进一　炮5平1

26. 马七进九　车2进5　　**27.** 马九退七！车2平3

28. 仕五退六（图36）

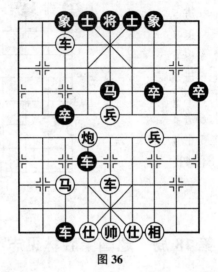

图 36

第 19 局　周德裕胜窦国柱

1. 兵七进一　马8进7　　**2.** 兵三进一　车9进1

3. 炮八平三　象3进5　　**4.** 马八进七　炮2平3

5. 相三进五　马2进4

6. 车九平八　马4进6（图37）

7. 车八进六　车1平3

8. 马二进四　卒7进1？

9. 马七进六！车9平4

10. 马六进五　车4进7

11. 仕四进五　马7进6

12. 兵三进一　象5进7

13. 马五退三　后马进7

14. 炮三进七　士6进5

15. 车一平三　马7退6

16. 炮三平一　前马退7

17. 车八平七　马6进5

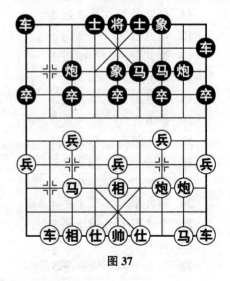

图 37

18. 车三进七！　马 5 退 3
19. 车三平二　　马 3 退 5
20. 车二进二　　士 5 退 6
21. 车二退一　　士 6 进 5
22. 相七进九　　将 5 平 6
23. 车二平一！　马 5 退 7
24. 车一平三　　炮 3 平 8
25. 车三进一　　将 6 进 1
26. 车三退二　　炮 8 退 2
27. 车三进一　　将 6 进 1
28. 炮二进五（图 38）

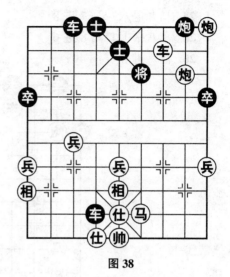

图 38

第 20 局　许银川胜宗永生

1. 兵七进一　　马 8 进 7
3. 马二进三　　卒 3 进 1
5. 相五进七　　马 2 进 1
7. 马八进九　　车 9 进 1
9. 车一进一　　车 6 进 5
11. 车一平六　　车 6 退 2
12. 车六平八　　卒 7 进 1
13. 兵三进一　　车 6 平 7
14. 炮二退一　　炮 8 进 4
15. 马三进四　　炮 8 平 1
16. 相七退五　　卒 1 进 1
17. 前车平六　　炮 1 平 9
18. 马四进六　　炮 3 退 1
19. 马九进七　　炮 9 平 3
20. 马六退七　　车 1 平 2
21. 车六进六　　炮 3 进 2
22. 车八进五　　士 6 进 5
23. 马七进九　　车 7 平 1

2. 兵三进一　　炮 2 平 3
4. 相七进五　　卒 3 进 1
6. 炮八进五　　象 3 进 5
8. 车九平八　　车 9 平 6（图 39）
10. 车八进二　　卒 1 进 1

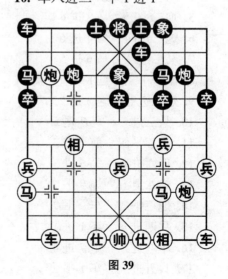

图 39

24. 马九退八　马7进8　　　**25.** 炮二平八　车1平6?

26. 车八平七!　马8进6　　　**27.** 车七退二　马6进8

28. 仕六进五 （图40）

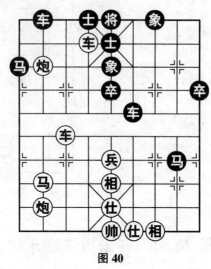

图 40

第 21 局　卜凤波胜万春林

1. 兵七进一　马8进7　　　**2.** 兵三进一　炮2平3

3. 马八进九　象3进5　　　**4.** 车九平八　车9进1

5. 炮二平三　马2进4

6. 炮三进四　马4进6

7. 马二进三　马6进5

8. 车一平二　炮8平9 （图41）

9. 炮八进七　炮3退2

10. 兵三进一　马7退5

11. 兵三平四　前马进3

12. 仕六进五　马5进3

13. 炮八退五　炮9平7

14. 炮三平二　车9平7?

15. 兵四进一　卒1进1

16. 车八进三　炮7进4

17. 兵五进一　车1平2

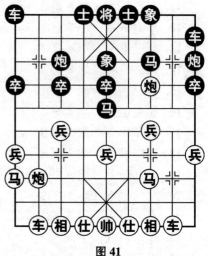

图 41

18. 相三进五 前马进5

19. 车八平五 车2进5

20. 兵四进一 士4进5

21. 兵四进一！车7进1

22. 炮二进三 车2退1

23. 车二进三 车2平7

24. 车五平六 卒3进1

25. 车六进五 士5进6

26. 车六平七 马3进4

27. 车二进五！马4退6

28. 车七进一！（图42）

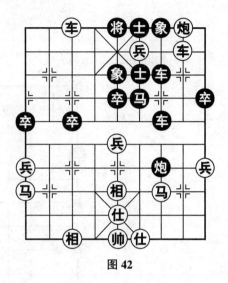

图 42

第 22 局　林宏敏胜郑新年

1. 兵七进一 马8进7	2. 兵三进一 炮8平9
3. 炮二平四 车9平8	4. 马二进三 卒3进1
5. 车一进一 车8进4	6. 车一平七 炮2平3
7. 相七进五 象3进5	8. 马八进九 卒7进1（图43）
9. 兵三进一 车8平7	10. 马三进四 士4进5

11. 仕六进五 马2进4

12. 车九平八 车1平2

13. 炮八进六 卒3进1

14. 车七进三 马7进6

15. 兵九进一 卒9进1

16. 炮八退五 马6退4

17. 车七平六 炮9进1

18. 马四进三！车7退1

19. 车六进二 车2平4

20. 炮四进六 车7进6？

21. 车六进二！车7退5

22. 炮八进六 车4进1

23. 炮四平六 炮3退1

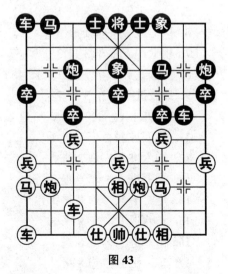

图 43

24. 车八进八　车 7 平 3　　25. 炮八平七　车 3 平 7
26. 车八平七　炮 9 进 3　　27. 炮七平九　炮 9 进 3
28. 相五退三（图 44）

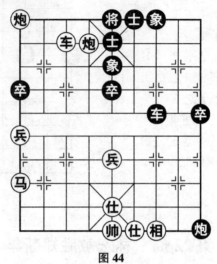

图 44

第 23 局　刘忆慈胜王羽屏

1. 兵七进一　马 8 进 7　　2. 兵三进一　马 2 进 1
3. 马二进三　车 1 进 1　　4. 马八进七　象 7 进 5
5. 马三进四　卒 3 进 1
6. 兵七进一　车 1 平 3
7. 相七进五　车 3 进 3
8. 仕六进五　卒 7 进 1（图 45）
9. 兵三进一　车 3 平 7
10. 车九平六　车 7 平 6
11. 马四进六　卒 1 进 1
12. 马六进八！炮 2 进 5
13. 马七进六　车 6 退 3
14. 炮二平八　炮 8 进 1
15. 马八退七　车 9 平 8
16. 车一进二　炮 8 进 1
17. 车一平三　炮 8 平 7

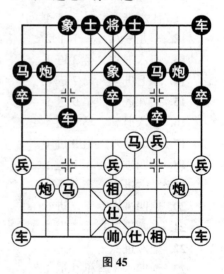

图 45

18. 炮八进五　马7进8
19. 马六进五　车6平2
20. 马五退三　象5进7
21. 炮八退一　象7退5
22. 炮八平五！士4进5
23. 车三进三　车8进3
24. 炮五退二　车2进3
25. 车三平八　马1进2
26. 车六进五　马2退3
27. 车六进二　车8平3
28. 马七进六！（图46）

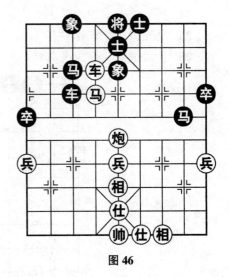

图 46

第24局　邵次明负董文渊

1. 兵七进一　马8进7	2. 兵三进一　车9进1
3. 马八进七　卒3进1	4. 兵七进一　车9平3
5. 马七进六　车3进3	6. 炮八平六　炮2平5
7. 马二进三　马2进3	8. 车九平八　炮8进2（图47）
9. 相三进五　炮8平4	10. 炮六平七　卒5进1

11. 炮七进五　车3退2
12. 车八进六？卒5进1
13. 兵五进一　炮4进5！
14. 帅五平六　车3平4
15. 炮二进二　车4进3
16. 帅六平五　车1进2
17. 车一进一　车1平3
18. 仕四进五　车4进3
19. 炮二退四　车3进4
20. 炮二平三　车3平6
21. 车八平三　马7退5
22. 仕五退六　车4退3
23. 兵五进一　车4平5

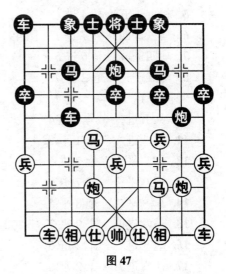

图 47

24. 兵五进一 炮5平3	25. 车一平七 车6进1
26. 马三进二 车6平8	27. 马二进一 炮3进7！
28. 仕六进五 炮3平7	29. 相五退三 车8进2（图48）

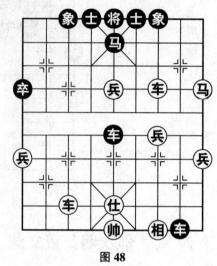

图 48

第25局 蔡福如胜柳大华

1. 兵七进一 马8进7	2. 兵三进一 象3进5
3. 马二进三 车9进1	4. 车一进一 马2进4
5. 相七进五 马4进6	
6. 马三进四 卒7进1（图49）	
7. 马四进五 马6进5	
8. 马五进三 炮2平7	
9. 兵三进一 象5进7	
10. 兵五进一 马5退4	
11. 马八进六 车1平2	
12. 炮二平三 炮7进5	
13. 炮八平三 象7退9	
14. 车一平二 炮8平5	
15. 马六进四 车9平7	
16. 炮三进二 车2进6	
17. 仕六进五 车2平6	

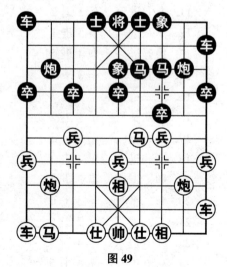

图 49

18. 车二进二　车6退3
19. 车九平六　士6进5
20. 炮三平二　炮5平8
21. 车二平六　车7进2
22. 马四进三　车6平5
23. 前车进二　炮8平7?
24. 炮二进五!　象7进5
25. 兵五进一!　马4进5
26. 前车平五　炮7进3
27. 车五进一　车7平5
28. 相五进三　车5进3
29. 兵一进一　（图50）

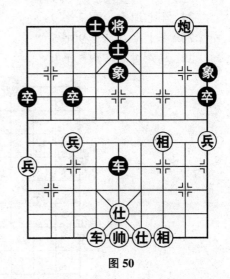

图 50

第26局　庄玉庭负许银川

1. 兵七进一　马8进7
2. 兵三进一　炮2平3
3. 马二进三　卒3进1
4. 相七进五　卒3进1
5. 相五进七　马2进1
6. 炮八进五　象3进5
7. 马八进九　车9进1
8. 车九平八　车9平6
9. 车一进一　车6进5
10. 相七退五　车6平7　（图51）

11. 车一平三　炮8进4!
12. 仕六进五　炮8平5
13. 马九进七　炮5退2
14. 马七进五　车7平8
15. 炮二平一　车1平2
16. 仕五进六　车8平7
17. 车三平七?　车7进1
18. 仕六退五　炮3平4
19. 车七进六　士6进5
20. 炮八进一　炮4进4!
21. 车七平九　炮4平8
22. 车九平七　炮8进3
23. 炮八退一　将5平6

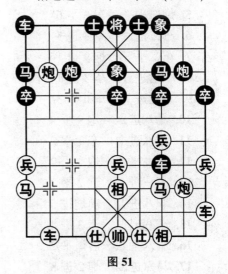

图 51

24. 车七退七　车7平9　　　　25. 炮八平三　车2进9

26. 车七平八　车9平5　　　　27. 马五退六　炮5进4

28. 马六进七　炮5平9　　　　29. 帅五平六　车5平6！（图52）

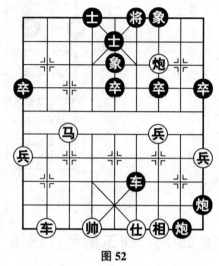

图 52

第 27 局　赵国荣胜李家华

1. 兵七进一　马8进7　　　　2. 兵三进一　炮8平9

3. 马二进三　车9平8　　　　4. 车一平二　车8进4

5. 炮二平一　车8平6

6. 车二进六　象3进5

7. 车二平三　炮9退1

8. 相七进五　卒3进1（图53）

9. 兵七进一　车6平3

10. 马八进六　炮9平4

11. 炮八进七　车1平2

12. 车九平八　炮4平7？

13. 车三进一！炮2平7

14. 车八进九　前炮进5

15. 车八退三　车3进4

16. 车八平六　后炮平2

17. 马六进四　炮2进8

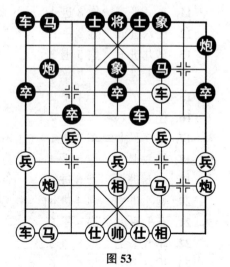

图 53

18. 仕六进五　炮2平1
19. 车六平八　卒5进1
20. 兵三进一　象5进7
21. 马四进三　象7进5
22. 仕五进四　士6进5
23. 炮一进四　卒1进1
24. 马三进五　炮7进1
25. 炮一退二　车3进1
26. 帅五进一　车3平6
27. 车八平二　车6平2
28. 炮一平五　象5退7
29. 马五进三！（图54）

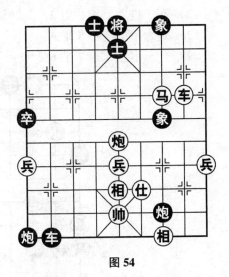

图 54

第 28 局　才溢负万春林

1. 兵七进一　马8进7	2. 兵三进一　炮2平3
3. 马二进三　卒3进1	4. 马八进九　卒3进1
5. 车九平八　马2进1	6. 相七进五　马1进3
7. 车一进一　车9进1	8. 车一平六　马3进4（图55）
9. 炮八进五　象7进5	10. 兵五进一　车1进1

11. 马三进五　车1平4
12. 车八进一　炮8进3
13. 炮八平五　炮3平4
14. 车六平三　车4平2
15. 马五退三　炮8进1
16. 车八进六　炮4进2
17. 车八进一　车9平2
18. 炮五平六　车2进5
19. 相五进七　炮8平7！
20. 车三平二　炮7进3
21. 仕四进五　车2平7
22. 马三退二　炮4平2
23. 炮二进六　炮7退4

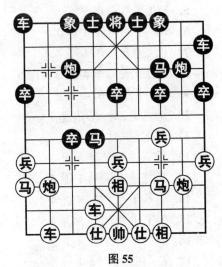

图 55

24. 车二进六　炮2退2　　　　25. 炮二平一　士6进5
26. 炮六平七　将5平6　　　　27. 炮一进一?　车7进3
28. 仕五退四　车7平6　　　　29. 帅五进一　马4进3（图56）

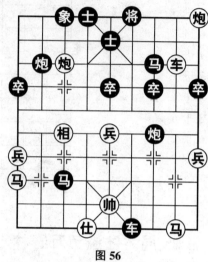

图56

第29局　谢岿胜陈富杰

1. 兵七进一　马8进7　　　　　2. 兵三进一　炮8平9
3. 马二进一　炮2平5　　　　　4. 马八进七　马2进3
5. 车九平八　车9平8
6. 车一平二　车1进1
7. 仕六进五　车1平4
8. 相七进五　车4进3（图57）
9. 车八平六　车4平2
10. 炮八退二　卒7进1?
11. 兵七进一!　卒3进1
12. 兵三进一　卒3进1
13. 兵三进一　马7退5
14. 炮八平七　车8进4
15. 炮七进四　马3进4
16. 炮二平三　车8平5
17. 马一退二　马4进5

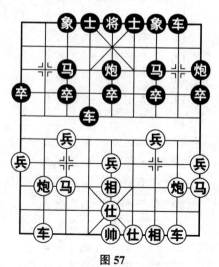

图57

28

18. 马七进五　炮5进4
19. 炮三进二　卒5进1
20. 马二进三　炮5退1
21. 炮七退四　车2退1
22. 马三进五　车2平7
23. 马五进七　象3进5
24. 车六进八！马5进7
25. 马七进六　士4进5
26. 马六进七　车7平3
27. 帅五平六　士5进4
28. 相五进七　象5进3
29. 车六平三（图58）

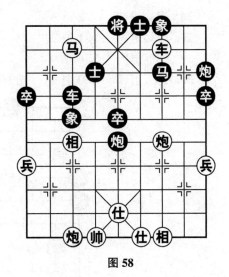

图 58

第 30 局　蒋川负孙浩宇

1. 兵七进一　马8进7
2. 兵三进一　车9进1
3. 马二进三　象3进5
4. 马八进七　马2进4
5. 炮二平一　车1平3
6. 车一平二　炮8平9
7. 马七进六　卒3进1
8. 炮八平七　炮2平3（图59）
9. 马六进四　卒7进1
10. 马四进三　炮3平7
11. 马三进二　车9平8
12. 兵三进一　炮7进7
13. 仕四进五　车3平2
14. 兵七进一　炮7退1
15. 车二进一　车2进5
16. 车二平三　车8进4
17. 车九进二　象5进3
18. 炮七平四　车2平7
19. 车三进三　车8平7
20. 车九平六　马4进2
21. 兵三平四　象3退5
22. 相七进五　车7平6
23. 车六进三　炮9进4

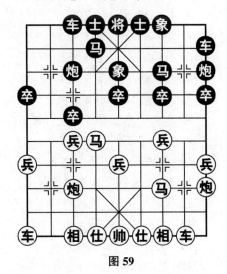

图 59

24. 炮一进四　马2进3　　**25.** 兵四平五? 炮9平1

26. 前兵进一　炮1退2!　　**27.** 车六进一　马3进2

28. 相五退七　车6平9　　**29.** 前兵进一　车9进4

30. 仕五退四　车9退6!（图60）

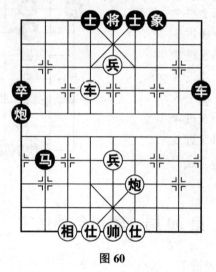

图60

第31局　许银川胜吕钦

1. 兵七进一　马8进7　　**2.** 兵三进一　炮2平3

3. 相三进五　马2进1

4. 炮八进五　象3进5

5. 马八进七　炮8平9

6. 马二进一　车9平8

7. 车一平二　车8进4

8. 车九平八　卒1进1（图61）

9. 炮二平三　车8平2

10. 车八进五　马1进2

11. 炮三进四　车1平2?

12. 炮三进三! 象5退7

13. 炮八平三　马2进3

14. 炮三平四　卒3进1

15. 炮四退四　卒3进1

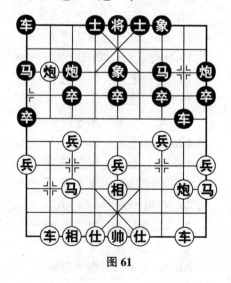

图61

16. 车二进七　炮 3 进 1	**17.** 炮四平三！卒 3 平 4
18. 炮三进六　士 6 进 5	
19. 车二平一　炮 3 进 4	
20. 马一进三　车 2 进 4	
21. 车一进二　车 2 平 6	
22. 马三进一　炮 3 平 2	
23. 炮三平二　车 6 平 8	
24. 马一进三　车 8 退 3	
25. 炮二平六　士 5 退 6	
26. 炮六平四　车 8 平 6	
27. 炮四平二　将 5 进 1	
28. 车一退三　马 3 进 4	
29. 车一平五　将 5 平 4	
30. 帅五进一！（图 62）	

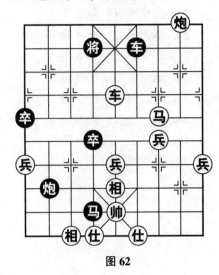

图 62

第 32 局　苗永鹏胜冯光明

1. 兵七进一　马 8 进 7	**2.** 兵三进一　车 9 进 1
3. 相三进五　车 9 平 3	**4.** 炮八平七　炮 2 平 3？（图 63）
5. 炮七进四　炮 3 平 5	**6.** 炮七平三　炮 5 进 4
7. 仕四进五　象 3 进 5	**8.** 马二进三　炮 5 退 2
9. 马三进五　炮 5 平 1	
10. 马八进九　卒 5 进 1	
11. 兵九进一　卒 5 进 1	
12. 马五退七　炮 1 进 3	
13. 车九进二　车 3 进 2	
14. 炮二平三　炮 8 退 1	
15. 车一平四　炮 8 平 3	
16. 车九平八　马 2 进 4	
17. 车八进五　炮 3 进 1	
18. 车八进一　车 3 平 4	
19. 车四进八　士 6 进 5	
20. 前炮进三　马 4 进 5	
21. 前炮平一　车 4 进 1	

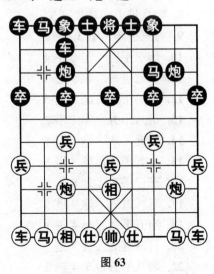

图 63

22. 车四退二　马 5 进 6？

23. 炮三进五！炮 3 平 7

24. 车四平二　车 4 平 6

25. 车二进三　车 6 退 4

26. 炮一平四　士 5 退 6

27. 车二退二　炮 7 退 2

28. 车二平五　士 6 进 5

29. 车五退三　马 6 进 7

30. 车八退一（图 64）

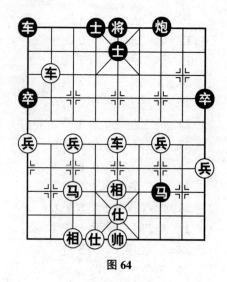

图 64

第 33 局　赵国荣胜颜应坤

1. 兵七进一　马 8 进 7

2. 兵三进一　车 9 进 1

3. 马二进三　象 3 进 5

4. 相七进五　卒 7 进 1？（图 65）

5. 兵三进一　象 5 进 7

6. 车一进一　车 9 平 6

7. 马八进七　象 7 退 5

8. 炮八进二　马 2 进 3

9. 马三进四　卒 3 进 1

10. 炮二平四　车 6 平 4

11. 兵七进一　象 5 进 3

12. 车一平三　马 3 退 5

13. 炮八平九　车 1 平 2

14. 车九平八　炮 8 退 1

15. 炮九平五！象 3 进 5

16. 车三平二　炮 8 平 9

17. 车八进六　炮 9 进 5

18. 炮五平八　车 4 进 1

19. 车二进二　炮 9 退 2

20. 马四进五　马 7 进 5

21. 车八平五　车 2 平 3

22. 炮八平五！车 4 进 2

23. 车五平八　车 4 平 6

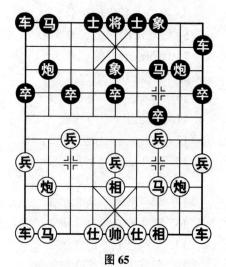

图 65

24. 仕六进五　炮 2 平 4	25. 车八平六　炮 4 平 2
26. 炮五进二　炮 9 平 7	27. 兵五进一　车 6 退 1
28. 兵五进一　炮 7 退 2	29. 车二平六　炮 7 进 1?
30. 炮五平三!（图 66）	

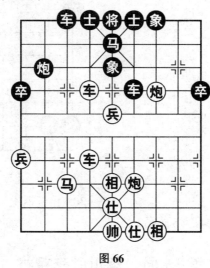

图 66

第 34 局　张申宏负刘殿中

1. 兵七进一　马 8 进 7

3. 炮二平三　象 3 进 5

4. 马二进一　车 9 平 8

5. 马八进七　马 2 进 4

6. 相七进五　卒 3 进 1

7. 兵七进一　车 8 进 4

8. 车一平二　车 8 平 3（图 67）

9. 炮八退一　士 4 进 5

10. 车二进八　炮 9 进 4

11. 炮八平七　车 3 平 4

12. 炮七平三　车 1 平 3

13. 车九平八　卒 9 进 1

14. 车八进六　卒 9 进 1

15. 兵三进一　象 5 进 7

2. 兵三进一　炮 8 平 9

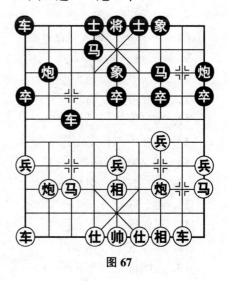

图 67

16. 前炮进四　象7进5
17. 后炮进一　车3进6
18. 马一进三　卒5进1
19. 车二平三? 车3退3!
20. 车八平七　马4进3
21. 前炮平二　将5平4
22. 炮二进三　将4进1
23. 炮二退一　马7进9
24. 马三进一　马9退8
25. 车三平二　炮9平1!
26. 车二退二　车4进4
27. 车二平七　炮1进3
28. 马七退八　车4进1
29. 帅五进一　炮2进6
30. 相五退七　炮1退1
31. 帅五进一　车4平5（图68）

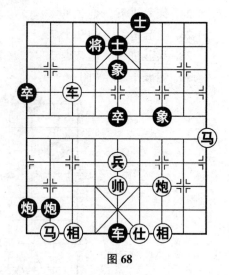

图68

第35局　蒋川胜李望祥

1. 兵七进一　马8进7
2. 兵三进一　象3进5
3. 马二进三　马2进4
4. 马八进七　马4进6
5. 马七进六　卒7进1
6. 马六进五　马6进5（图69）
7. 马五退三　象5进7
8. 炮八平五　炮8进2
9. 兵三进一　炮2平5
10. 兵三平二　马5进6
11. 车九进一　马6进8
12. 车一平二　马8进7?
13. 车九平三! 车1进2
14. 车三退一　车9平8
15. 马三进四　炮5进5
16. 相七进五　车1平6
17. 马四进三　车6进1
18. 兵五进一　车8进1
19. 仕四进五　车8平5

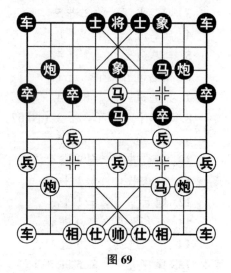

图69

20. 车三进四　马7进5
21. 车二平四　车6进6
22. 帅五平四　车5平7
23. 兵五进一　马5退6
24. 马三进五！　车7进4
25. 相五进三　马6进4
26. 马五进三　将5进1
27. 兵五平六　马4退6
28. 马三退四　将5平4
29. 兵六进一　士4进5
30. 兵一进一　卒1进1
31. 兵二进一（图70）

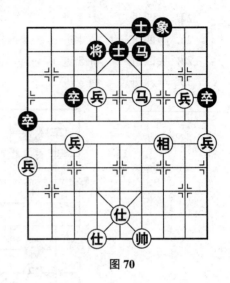

图 70

第 36 局　陶汉明胜王鑫海

1. 兵七进一　马8进7	2. 兵三进一　炮8平9
3. 炮二平四　车9平8	4. 马二进三　车8进4
5. 车一平二　车8平2	6. 炮八进五　炮9平2
7. 马八进七　马2进3	8. 车二进六　卒3进1（图71）
9. 兵七进一　车2平3	10. 相七进五　象3进5

11. 车二平三　车3平6?
12. 仕六进五　马3进2
13. 车九平六　士4进5
14. 兵三进一！　车6平3
15. 马三进四　车1平4
16. 车六进九　士5退4
17. 兵三平四　马2进3
18. 相五退七　马7退5
19. 车三平五　马5进3
20. 车五平八　炮2退2
21. 相三进五　卒9进1
22. 兵四进一　炮2平3
23. 兵四进一　后马进4

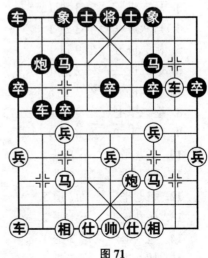

图 71

24. 马四进三　士4进5　　25. 兵四进一　象5进7
26. 炮四进三！马4进6　　27. 炮四平五　士5进4
28. 兵四进一　将5进1　　29. 炮五平一　车3退2
30. 车八进二　炮3进1　　31. 炮一进三（图72）

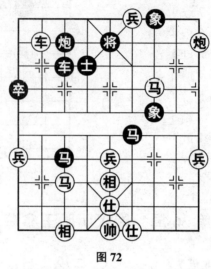

图72

第37局　阎文清负吕钦

1. 兵七进一　马8进7　　2. 兵三进一　炮2平3
3. 马二进三　卒3进1
4. 马八进九　卒3进1
5. 相七进五　车9进1
6. 炮二进二　马2进1
7. 炮八进五　象3进5
8. 炮二平七　车9平6（图73）
9. 车一平二　炮8平9
10. 车九平八　卒1进1
11. 炮七进二　车6进3
12. 炮七平三　马7退5
13. 马九进七　车1平2
14. 炮八退一　炮3退1
15. 马七进五　卒5进1

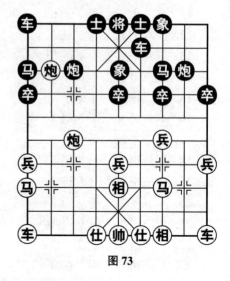

图73

36

16. 炮三平五? 卒 5 进 1

17. 兵五进一　马 1 进 2

18. 炮八平九　炮 3 平 2

19. 车八平七　马 2 退 3！

20. 车七进六　炮 2 进 8

21. 相五退七　马 3 进 1

22. 车七平九　车 6 平 4

23. 仕四进五　车 2 平 3

24. 相三进五　车 4 进 4

25. 车九平八　车 3 进 9

26. 车八退六　车 3 平 2

27. 车二进六　车 4 退 5

28. 马三进五　车 2 退 5

29. 马五进七　车 2 平 3

31. 马七退八　车 4 平 2 （图 74）

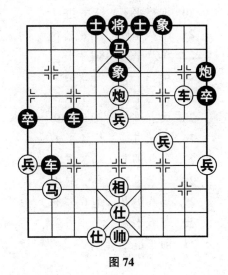

图 74

30. 兵五进一　车 4 进 3！

第 38 局　谢岿胜程进超

1. 兵七进一　马 8 进 7

2. 兵三进一　炮 2 平 3

3. 马八进九　马 2 进 1

4. 车九平八　炮 8 平 9

5. 马二进三　车 1 平 2

6. 炮八进五　象 3 进 5

7. 马三进二　马 7 退 5

8. 相七进五　卒 7 进 1（图 75）

9. 兵三进一　象 5 进 7

10. 炮八退一　马 5 进 7

11. 车一进一　炮 3 平 4

12. 炮二平三　马 1 退 3？

13. 炮八平五！马 7 进 5

14. 车八进九　车 9 平 8

15. 马二进四　马 5 进 6

16. 炮三进二　马 3 进 5

17. 马四进五　象 7 退 5

18. 车一平四　马 6 退 5

19. 车四进五　马 5 退 3

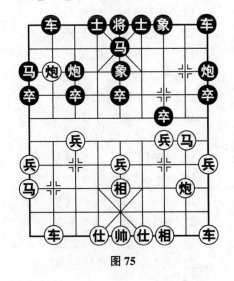

图 75

20. 炮三平五　士6进5

21. 车八退四　车8进6

22. 车八平五　炮9平6

23. 车四平七　马3退1

24. 车七平四　马1退3

25. 兵七进一　车8平9

26. 兵七进一　炮4平1

27. 马九进七　马3进2

28. 马七进八　马2退4

29. 马八进九　炮6平1

30. 车五平四　马4进3

31. 前车进三（图76）

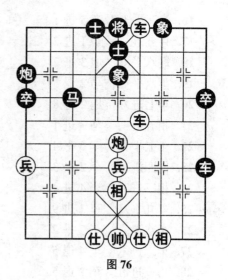

图 76

第 39 局　赵鑫鑫胜吕钦

1. 兵七进一　马8进7

2. 兵三进一　炮2平3

3. 马二进三　卒3进1

4. 马八进九　卒3进1

5. 车九平八　马2进1

6. 相七进五　马1进3

7. 炮八进五　象7进5

8. 相五进七　马3进5（图77）

9. 车一进一　车9进1

10. 相七退五　马5进6

11. 炮二进四　车9平6

12. 马九进七　车1平2

13. 马七进六　炮3平4

14. 车八进六　车2进1

15. 车一平四　炮8退1

16. 炮八平七！车2平3

17. 车八平七　马6进8

18. 车四平七　车6进5

19. 马六进八　车3平2

20. 前车平六　士6进5

21. 炮七退四　车6退2

22. 炮二平五　马7进5

23. 马八进六　士5进4

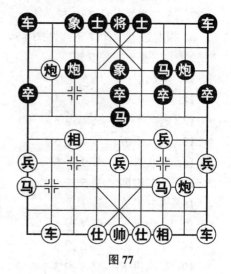

图 77

24. 车六平五　车2进6　　25. 炮七退一　马8进9
26. 车五平七！象5进3　　27. 炮七进二　车6进3
28. 后车平一　车6平7　　29. 车一退一　车7退1？
30. 车一平二　炮8进5　　31. 炮七退一（图78）

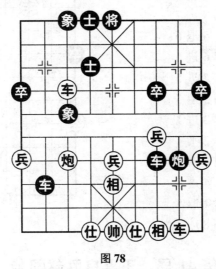

图 78

第 40 局　靳玉砚胜苗利明

1. 兵七进一　马8进7　　2. 兵三进一　炮8平9
3. 炮二平四　炮2平5
4. 马八进七　马2进3
5. 车九平八　车1平2
6. 马二进三　车2进4
7. 车一平二　卒3进1
8. 兵七进一　车2平3
9. 相七进五　卒7进1
10. 兵三进一　车3平7（图79）
11. 马三进四　炮5平6
12. 马七进八　车9进1
13. 炮四进五　炮9平6
14. 车八平七　车7平6
15. 马四退三　象7进5

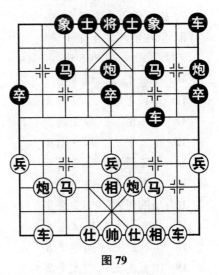

图 79

16. 车二进六　车6平7

17. 车二平四　士6进5

18. 车七进六　车9平8

19. 炮八平七　马7进8

20. 车四平一　车7平2

21. 车一退二　车8平7

22. 马三进四　马8进7?

23. 车一进五　士5退6

24. 马四进六!　炮6进6

25. 车一平二　马7进5

26. 帅五进一!　马5退3

27. 马六进七　车2进1

28. 车七退三　车2平4

29. 炮七平五　炮6退2

30. 炮五进四　士4进5

31. 马七退八　车4退5

32. 车七进五　(图80)

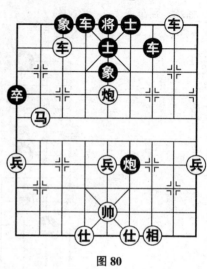

图 80

第41局　王嘉良胜赵国荣

1. 兵七进一　马8进7

2. 兵三进一　车9进1

3. 马二进三　卒3进1

4. 炮八平七　象3进5　(图81)

5. 兵七进一　象5进3

6. 马八进九　炮2进5

7. 相三进五　马2进4

8. 车九平八　车1平2

9. 炮二平一　炮8进4

10. 车一平二　炮8平1

11. 车二进七　车9进1

12. 车二退二　象7进5

13. 车二平六　车9退1

14. 马三进四　车2进6

15. 仕六进五　炮1平5?

16. 马四退六　炮2进1

17. 马九退七!　炮2平5

18. 车八进三　前炮平8

19. 相五退三　炮5平2

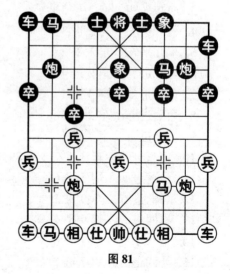

图 81

40

20. 炮七平八　炮2退2
21. 车六进一　马4进6
22. 马六进七　车9平3
23. 后马进六　马6进5
24. 炮一平七　车3平6
25. 马六进五　卒5进1
26. 炮七平五　士6进5
27. 炮五进五　将5平6
28. 炮五平七　车6进8
29. 帅五进一　炮8平7
30. 炮七进二　将6进1
31. 炮七退一　将6退1
32. 车六平八！（图82）

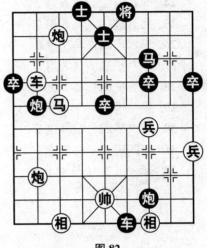

图82

第 42 局　周德裕胜董文渊

1. 兵七进一　马8进7
2. 兵三进一　车9进1
3. 炮八平三　象3进5
4. 马八进七　马2进4
5. 炮三进四　卒3进1
6. 兵七进一　车1平3
7. 相三进五　车3进4
8. 马二进四　车9平6（图83）
9. 车九进一　车6进6
10. 车一进一　炮2平3
11. 马七进六　车3平4
12. 车九平七　炮3平2
13. 马六退八　炮8进4
14. 马八退六　卒1进1
15. 仕四进五　车6退1
16. 马六进七　车4平3
17. 车七平六　马4进6
18. 炮二退二　车6退3
19. 炮二平三　炮2平3
20. 相七进九　炮3进3
21. 相五进七　车6进2
22. 相七退五　马6进5
23. 前炮平二　马7退9

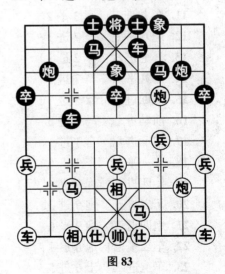

图83

24. 炮二退二　车6退2
25. 兵五进一　马5退7
26. 车六进二！马7进8
27. 车六平二　马8退7
28. 炮三平四！马7进9
29. 兵一进一　车6平8
30. 车二平四　前马退7
31. 车四进六　将5进1
32. 车一进二（图84）

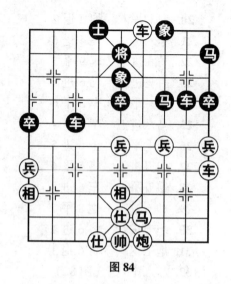

图84

第43局　蒋全胜胜蒋志梁

1. 兵七进一　马8进7	2. 兵三进一　炮8平9
3. 炮二平四　车9平8	4. 马二进三　卒3进1
5. 兵七进一　车8进4	6. 兵七进一　车8平3
7. 相七进五　象3进5	8. 马三进四　车3退1（图85）
9. 马八进七　车3进1	10. 炮八退一　炮2平3

11. 车九进二　车3平2
12. 炮八平三　卒7进1?
13. 马七进六！车2进1
14. 车九平六　卒7进1
15. 马四进六　象5进3
16. 前马进七　马2进3
17. 炮三进六　车1进1
18. 车一平二　车1平6
19. 仕四进五　炮9进4
20. 车二进五　炮9进3
21. 炮四退二　炮9平6
22. 车二平七！炮6退1
23. 车七进二　士6进5

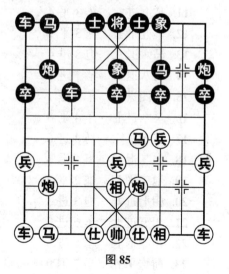

图85

24. 炮三平二　炮 6 平 9

25. 炮二进二　象 7 进 9

26. 车七平二　象 9 进 7

27. 马六进五　车 6 进 2

28. 炮二平六　炮 9 进 1

29. 相三进一　车 6 平 5

30. 车二进二　士 5 退 6

31. 炮六平四　将 5 进 1

32. 车二退一 (图 86)

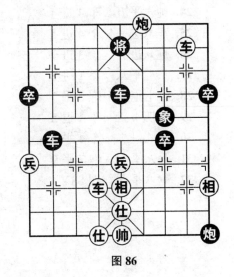

图 86

第 44 局　李群胜苗利明

1. 兵七进一　马 8 进 7　　　**2.** 兵三进一　炮 8 平 9

3. 炮二平四　炮 2 平 5　　　**4.** 马八进七　马 2 进 3

5. 马二进三　车 1 平 2　　　**6.** 炮八进二　车 9 平 8

7. 炮四退一　车 2 进 4　　　**8.** 马三进四　卒 7 进 1 (图 87)

9. 炮四平八　车 2 平 6　　　**10.** 兵三进一　车 6 平 7

11. 后炮平七　卒 9 进 1

12. 相七进五　卒 9 进 1

13. 车一进一　炮 5 平 6

14. 车九平八　象 7 进 5

15. 马七进六　炮 9 进 4

16. 兵七进一！车 7 进 2

17. 兵七进一　炮 9 平 5

18. 仕六进五　车 7 进 3

19. 帅五平六！车 7 退 5

20. 兵七进一　车 8 进 9

21. 马四进五　炮 6 进 1

22. 车一平四　马 7 进 5

23. 马六进五　车 7 平 4

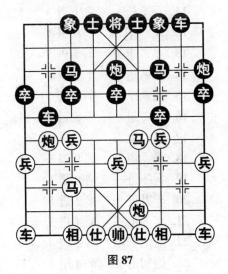

图 87

24. 帅六平五　车4进4

25. 车八进一！士4进5

26. 炮八进五　象3进1

27. 兵七平八　象1进3

28. 炮七退一　炮6平7

29. 车四平三　车4退5

30. 车八进二　车4平5

31. 兵八平七　炮7平9

32. 炮八平九（图88）

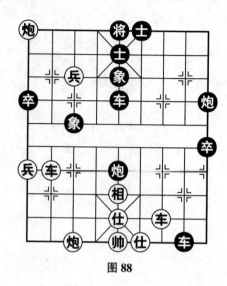

图 88

第 45 局　柳大华负胡荣华

1. 兵七进一　马8进7

2. 兵三进一　炮2平5

3. 马八进七　马2进3

4. 马二进三　卒5进1

5. 仕四进五　车1进1

6. 相三进五　车1平6

7. 炮二进四　卒5进1

8. 炮二平七　象3进1（图89）

9. 兵五进一　车6进2

10. 马七进八　车6平5

11. 兵七进一　象1进3

12. 车一平二　车9进1

13. 车二进五　车5进2

14. 马八进六　车9平2

15. 炮八平七　卒7进1！

16. 车二进一　车5退2

17. 车二退二　车5平4

18. 马六退五　炮8退1

19. 兵三进一　炮8平5

20. 车九进一　车2进5

21. 车二退一　车4进3

22. 前炮平四？马3进4！

23. 炮四退三　车4平5

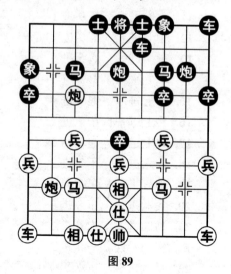

图 89

24. 马三进五　车2平5
25. 炮七平八　后炮平3
26. 帅五平四　马4进6!
27. 车二平三　炮3平6
28. 帅四平五　车5平6
29. 车三平四　炮6进5
30. 车九平七　马6进8
31. 兵三平四　马7进5
32. 车七进三　马5进6
33. 车七进一　马8进6!
34. 炮八平四　马6进4（图90）

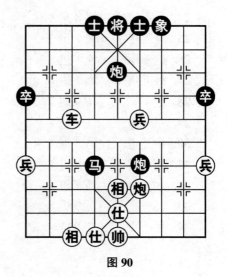

图 90

第46局　刘忆慈胜杨官璘

1. 兵七进一　马8进7
2. 兵三进一　象3进5
3. 炮八平三　车1进1
4. 马八进七　炮8进7
5. 车一平二　车1平8
6. 车九进一　车8进5
7. 炮三进四　马2进4
8. 车二进一　炮2平3（图91）
9. 相七进五　车9进1
10. 炮二平三　车8进2
11. 车九平二　马4进6?
12. 前炮平四!　车9进1
13. 兵三进一　卒3进1
14. 兵七进一　象5进3
15. 兵三进一　马7退9
16. 马七进六　车9平8
17. 车二进六　炮3平8
18. 马六进五!　象3退1
19. 炮三平四　士4进5
20. 后炮进五　士5进6
21. 炮四平一　卒1进1
22. 仕六进五　象7进5
23. 兵五进一　炮8退1

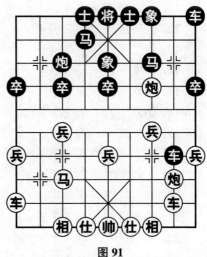

图 91

24. 兵五进一　炮8平1
25. 马五进七　炮1退1
26. 炮一退一　象1进3
27. 兵五进一　炮1进6
28. 炮一平九　马9退7
29. 兵一进一　马7进8
30. 兵三进一！马8退7
31. 兵一进一　士6进5
32. 兵三进一　马7进9
33. 兵三平二　马9进8
34. 兵一平二　（图92）

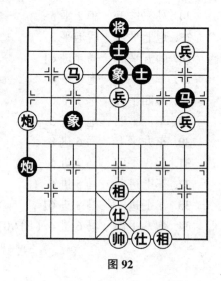

图92

第47局　金松负苗永鹏

1. 兵七进一　马8进7
2. 兵三进一　炮8平9
3. 马二进三　车9平8
4. 车一平二　卒3进1
5. 炮二进四　卒3进1
6. 相七进五　马2进3
7. 马八进六　车8进1
8. 车九平七　车8平4
9. 车二进一　象3进1
10. 车七进四　炮9平8　（图93）

11. 车二平四　士4进5
12. 兵三进一　卒7进1
13. 炮二平三　象7进9
14. 车七平八　马3进4
15. 车八平六　车1平4
16. 炮八平六　炮2平4
17. 车六进一　炮4进5
18. 车六进三　车4进1
19. 车四平二？炮8退2
20. 马三进四　车4进4
21. 马四进五　马7进5
22. 车二进八　炮4平1！
23. 马六进八　车4平2

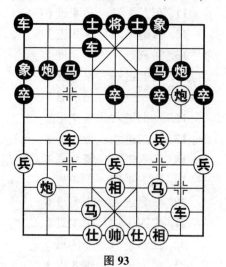

图93

24. 车二退一　士 5 进 6
25. 炮三进三　士 6 进 5
26. 炮三平一　士 5 进 4
27. 马八退七　炮 1 进 2
28. 车二进一　将 5 进 1
29. 车二退三　马 5 进 3
30. 炮一退三　车 2 进 1
31. 炮一退一？马 3 进 4
32. 车二平五　将 5 平 6
33. 炮一退一　卒 7 进 1!
34. 相五进三　马 4 进 3!（图 94）

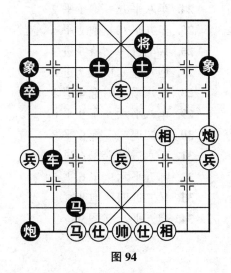

图 94

第 48 局　张强胜蒋川

1. 兵七进一　马 8 进 7　　　2. 兵三进一　象 3 进 5
3. 马二进三　马 2 进 4　　　4. 马八进七　马 4 进 6
5. 马七进六　卒 7 进 1　　　6. 马六进五　马 6 进 5
7. 马五退三　炮 8 退 1　　　8. 前马退五　马 5 进 7（图 95）
9. 炮二平一　后马进 6　　　10. 相七进五　马 7 进 5
11. 车一平二　炮 8 平 5
12. 马五进四　车 9 进 1
13. 马三进五　炮 5 进 5
14. 仕六进五　车 1 进 1
15. 车二进五　马 6 进 7
16. 车二平五　炮 5 平 9
17. 炮八平六　车 1 平 4
18. 车九平八　炮 2 平 1
19. 车八进六　马 7 进 9
20. 相三进一　车 4 进 5
21. 车五平六　车 4 退 2
22. 马四退六　卒 3 进 1？
23. 马六进四　士 6 进 5

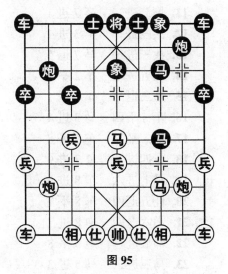

图 95

24. 车八平九　炮1平2
25. 车九平八　炮2平4
26. 兵七进一　象5进3
27. 炮六进二！象7进5
28. 炮六平五　炮4退1
29. 车八平六　车9平6
30. 马四退二　炮9平8
31. 车六进二　车6进3
32. 帅五平六！车6平5
33. 马二进四　炮8平6
34. 炮五平八（图96）

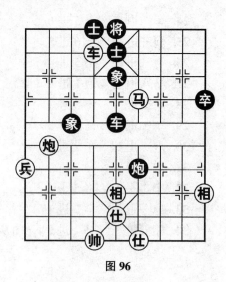

图96

第49局　梁军负陈寒峰

1. 兵七进一　马8进7
2. 兵三进一　炮2平5
3. 马八进七　马2进3
4. 车九平八　车1平2
5. 马二进三　车2进4
6. 炮八平九　车2进5
7. 马七退八　车9进1
8. 仕四进五　车9平2
9. 马八进七　车2进3（图97）
10. 相三进五　卒3进1
11. 炮二进二　卒7进1
12. 兵三进一　卒3进1
13. 兵三进一　马7退5
14. 相五进七　车2平7
15. 炮二退三　车7退1
16. 车一平四　马3进4
17. 炮二平三　车7平8
18. 车四进八　象7进9
19. 马七进六　车8进6
20. 仕五退四？车8平7
21. 马六退四　炮8进7！
22. 帅五进一　炮5平8
23. 马三进二　马5进3

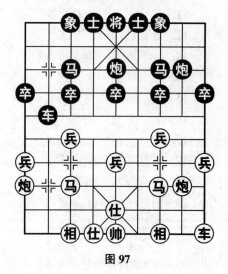

图97

24. 炮九平三　车7平6
25. 前炮进五　后炮进2
26. 兵五进一　马4进5
27. 后炮进一　马3进2
28. 相七进五　马2进4
29. 车四平六　车6平4!
30. 车六平四　马4进3
31. 帅五平四　车4退1
32. 帅四退一　后炮平2
33. 车四平八　炮2进5
34. 马二进四　炮2平1!（图98）

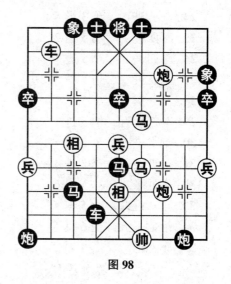

图98

第50局　李来群胜胡荣华

1. 兵七进一　马8进7
2. 兵三进一　炮2平3
3. 相三进五　马2进1
4. 马八进七　车1平2
5. 车九平八　炮8平9
6. 炮二平四　车9平8
7. 马二进三　车8进4
8. 炮八进五　象3进5（图99）
9. 车一平二　车8平6
10. 仕四进五　卒3进1
11. 兵七进一　炮3进5
12. 炮四平七　车6平3
13. 炮七平六　马7退5
14. 炮八退一　马5退3
15. 车二平四　马3进4
16. 炮八进一　车3退2
17. 炮八退三　车2进4
18. 车四进四　车3进4
19. 车八平九　马1进3
20. 炮八平七　卒7进1
21. 兵九进一　士4进5
22. 兵三进一　象5进7
23. 炮六进四!　炮9平7

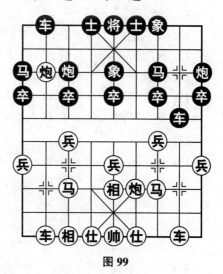

图99

24. 马三进二　车3平5
25. 车四进一　车5退2
26. 车四平五　卒5进1?
27. 马二进一　炮7平5
28. 马一退三　卒5进1
29. 马三退五　炮5进1
30. 炮七进一　车2进1
31. 马五进三　车2平4?
32. 车九平八!　马4退6
33. 车八进九　士5退4
34. 炮七平五　士6进5
35. 车八退二　车4退2
36. 车八平三! (图100)

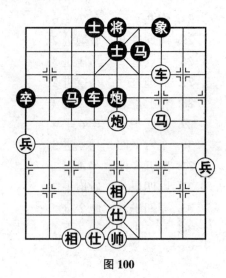

图 100

第51局　庄玉庭负胡荣华

1. 兵七进一　马8进7
2. 兵三进一　炮2平3
3. 相三进五　马2进1
4. 炮八进五　象3进5
5. 马八进七　炮8平9
6. 马二进一　车9平8
7. 车一平二　车8进4
8. 车九平八　卒3进1
9. 兵七进一　车8平3
10. 马七进六　车1平2 (图101)
11. 炮二平三　车3平4
12. 车八进四　马7退5
13. 车二进一　马5退3
14. 炮八退一　士4进5
15. 车二平七?　马3进4!
16. 炮三进四　马4进3
17. 车七平六　卒5进1
18. 兵三进一　车4退1
19. 炮八退一　卒5进1!
20. 兵五进一　马3进5
21. 炮八进二　马5退7
22. 炮三进二　炮3平4!
23. 炮八平五　象7进5

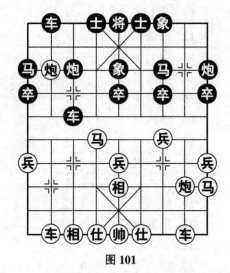

图 101

24. 车八进五	马1退2
25. 车六平八	炮4进3
26. 车八进八	士5退4
27. 车八退六	炮4平5
28. 仕六进五	炮9平8
29. 炮三平九	象5退3
30. 车八平三	车4进1
31. 炮九平八	炮8平2
32. 车三平八	炮5退4
33. 车八进二	车4平2
34. 炮八退三	马7进5
35. 帅五平六	炮2平4
36. 炮八平五	象3进5（图102）

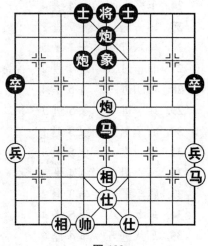

图 102

第52局 廖二平胜孙志伟

1. 兵七进一	马8进7	2. 兵三进一	炮8平9
3. 马二进三	车9平8	4. 车一平二	车8进4
5. 炮二平一	车8平2	6. 炮八进五	炮9平2
7. 马八进七	象3进5	8. 相七进五	卒3进1
9. 兵七进一	车2平3	10. 车九平八	炮2平4（图103）

11. 马三进四	马2进3
12. 车二进六	卒7进1
13. 兵三进一	车3平7
14. 马四进五	马7进5
15. 车二平五	炮4进5？
16. 车五平一	炮4平9
17. 相三进一	马3进4
18. 马七进六	马4进6
19. 车八进六	卒1进1
20. 车八平四	马6进4
21. 仕四进五	士4进5
22. 车四退二	马4进3
23. 帅五平四	车1平4

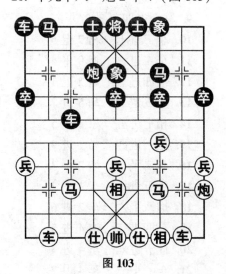

图 103

· 51 ·

24. 车一平四　车4进4
25. 相一退三　车7进2
26. 马六进四　车7平5
27. 前车进二　车4进2
28. 马四进三　将5平4
29. 兵一进一　象5进3
30. 前车退三　象3退1
31. 兵一进一　车5退4
32. 马三退二　将4平5
33. 后车平七　马3退2
34. 车七平八　车5进4?
35. 车八进五　车4退6
36. 马二进四！车5平7
37. 马四进六（图104）

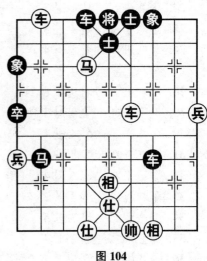

图104

第53局　郭长顺负赵国荣

1. 兵七进一　马8进7
2. 兵三进一　炮8平9
3. 马二进三　车9平8
4. 车一平二　车8进4
5. 炮二平一　车8平4
6. 马八进七　卒3进1
7. 兵七进一　车4平3
8. 马七进六　车3平4（图105）
9. 马六退四　马2进3
10. 车二进七　马7退5
11. 车二进一　炮9平4
12. 仕四进五　炮2退1
13. 车二退二　马5进7
14. 相七进五　象3进5
15. 炮一进四　马7进9
16. 车二平一　炮2平3
17. 兵五进一　车1平2
18. 炮八平六　车2进6
19. 马四进二　炮4进3
20. 仕五进六　车4进3
21. 车一平三　车4退2

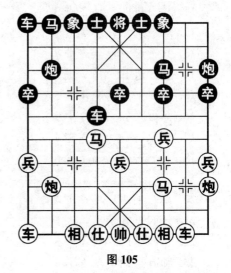

图105

22. 兵七进一　炮9平3　　23. 车九进一　车8退3
24. 兵七进一　炮3退2　　25. 兵七进一　车8平6
26. 马四退六　马3进1　　27. 兵七平六　士5进4
28. 车九平八　炮3退3　　29. 车八进四　士4进5
30. 兵五进一　马7退8　　31. 炮七平九　马8进6
32. 炮九进五　马6进8　　33. 车八退一　马8进9
34. 马六退四　炮3进6
35. 相五退七　马1退3
36. 车八退三　车6平3
37. 炮三平一　炮3退2
38. 相七进五　炮3进2
39. 仕五进六　卒7进1
40. 兵三进一　车3平7
41. 炮九平一　马3进1
42. 车八平一　炮3退3?
43. 后炮进四　炮3平9
44. 马四进二!　车7平8
45. 马二进一　马1进2
46. 马一退二　马2进3
47. 马二进四（图134）

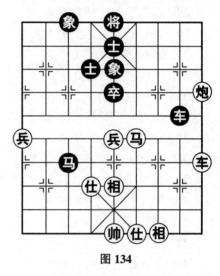

图 134

第 68 局　廖二平负胡荣华

1. 兵七进一　马8进7　　2. 兵三进一　炮2平3
3. 相七进五　马2进1　　4. 炮八进五　象3进5
5. 马八进七　炮8平9　　6. 马二进一　车9平8
7. 车一平二　车8进4　　8. 车九平八　卒3进1（图135）
9. 马七进八　马1退2!　　10. 炮二平三　车8进5
11. 马一退二　卒3进1　　12. 马八退九　马2进4
13. 相五进七　卒5进1　　14. 炮八退六　车1平2
15. 炮八平五　车2进9　　16. 马九退八　炮9进4
17. 炮三进四　炮9平1　　18. 马二进三　炮1进3
19. 马三进四　炮3平2　　20. 马四退六　卒1进1
21. 马六退七　炮1退4　　22. 兵三进一　象5进7

23. 炮三进三　士6进5
24. 炮三退四　马4进3
25. 马七进六　马7进5
26. 炮三进四　炮1进4
27. 炮五平二　士5进6
28. 炮三退五　马5进7
29. 炮二平七　马3进4
30. 炮七平五　卒1进1
31. 炮五平六　卒1平2!
32. 炮六进三　炮2进7
33. 帅五进一　卒2平3
34. 炮六进一　卒3平4!
35. 马六退七　炮2退1
36. 马七进八　卒5进1

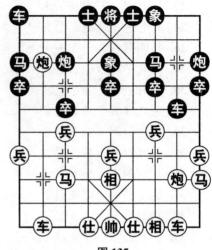

图 135

37. 兵五进一　卒4平5
39. 炮九平五　将5平6

38. 炮六平九　马7退5
40. 炮五平四　士6退5
41. 炮三退二　卒5进1
42. 炮三平四　马5进6
43. 马八进六　将6平5
44. 前炮平五　士5进4
45. 马六进五　士4进5
46. 马五退七　士5进6
47. 炮五退一　马6进8
48. 马七进五　将5平4
49. 炮四平六　卒5平4
50. 炮五平六　将4平5
51. 前炮平五　将5平6
52. 炮六平三　卒4进1
53. 炮五平四　马8退6!（图136）

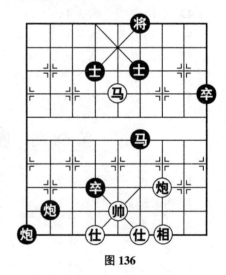

图 136

第 69 局　万春林胜陈寒峰

1. 兵七进一　马8进7
3. 马二进三　车9平8

2. 兵三进一　炮8平9
4. 车一平二　车8进4

5. 炮二平一　车8平2
6. 炮八进五　炮9平2
7. 马八进七　象3进5
8. 相七进五　卒7进1（图137）
9. 兵三进一　车2平7
10. 马三进四　卒3进1
11. 车九平八　马2进4
12. 兵七进一　车7平3
13. 车二进一　炮2平3
14. 马七进六　马7进6
15. 车二平六　马6进4
16. 车六进三　马4进6?
17. 马四进五!　车3退1
18. 车六平五　士4进5

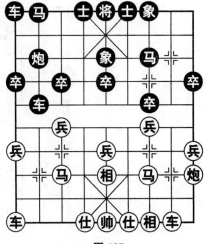

图 137

19. 炮一进四　车3进3
20. 炮一进三　车1平4
21. 马五进三　车4进2
22. 车八进九　炮3退2
23. 马三退四!　马6进7
24. 车五进三　车3退2
25. 车五平六　士5进4
26. 马四进六　车3退1
27. 相五进三　车3平4
28. 车八平七　将5进1
29. 车七退一　将5退1
30. 车七进一　将5进1
31. 车七平四　车4平9
32. 车四平五　将5平4
33. 车五平六　将4平5
34. 车六平三　马7退5
35. 车三退一　将5退1
36. 炮一平二　车9平8
37. 车三进一　将5进1
38. 车三平七　车8进3
39. 相三进五　马5进4
40. 车七退一　将5退1
41. 车七进一　将5进1
42. 车七退五　马4进6
43. 炮二平三　车8平9
44. 仕六进五　马6进8
45. 车七平五　将5平4
46. 炮三退四　车9退2
47. 炮三进一　车9平4
48. 仕五进四　马8进6
49. 仕四进五　车4退1
50. 炮三退一　车4进1
51. 炮三进一　马6退8
52. 炮三平七　马8进9
53. 炮七退六　马9退7
54. 帅五平四　士4退5
55. 炮七平六　车4平8
56. 车五进二!（图138）

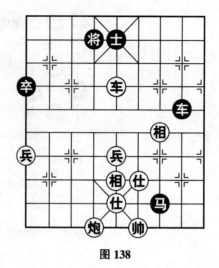

图 138

第70局　吕钦胜卜凤波

1. 兵七进一　马8进7		2. 兵三进一　炮2平3
3. 相七进五　马2进1		4. 马八进七　车1平2
5. 车九平八　车2进4		6. 炮八平九　车2平4
7. 炮九进四　象7进5		8. 马二进三　士6进5（图139）
9. 炮九退二　卒3进1		10. 马三进四　车4平5
11. 车八进七　炮3平4		
12. 马四进三　车5平6		
13. 兵七进一　车6平3		
14. 炮二平三　炮4进1		
15. 车一平二　车9平8		
16. 炮九平七　炮4平7		
17. 炮三进四　马1进2		
18. 马七进八　车3平6		
19. 仕六进五　炮8平9		
20. 车二进九　马7退8		
21. 车八退一　马8进6		
22. 炮三进二　炮9进4		
23. 兵九进一　马2进4		

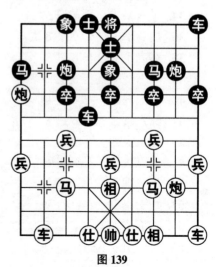

图 139

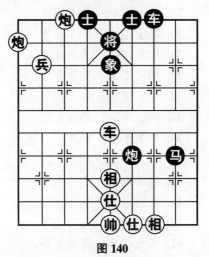

24. 车八平六　车6平2　　25. 车六退二　车2进1
26. 车六平四　马6进7　　27. 兵三进一！马7退9
28. 炮三平一　象5进7　　29. 车四平二　卒9进1
30. 车二进五　士5退6　　31. 车二退六　炮9退1
32. 炮一进一　将5进1　　33. 车二进五　将5进1
34. 车二退二　车2退2　　35. 兵九进一　将5平4
36. 炮七平六　将4退1　　37. 车二进二　将4进1
38. 车二平七　车2进6　　39. 炮六退四　车2退3
40. 兵五进一　车2平5　　41. 车七退三！车5退1
42. 车七平三　车5退1　　43. 车三进二　将4退1
44. 兵九进一　将4平5　　45. 兵九平八　象3进5
46. 车三退三　车5平7
47. 车三平九　车7退4
48. 炮一退四　炮9进1
49. 炮一平九　马9进7
50. 车九平一　炮9平6
51. 炮九进一　卒5进1
52. 炮六平七　卒5进1
53. 车一平五　马7进9
54. 炮七进八　马9进8
55. 炮九进二！将5退1
56. 炮七进一　将5进1
57. 兵八进一（图140）

图 140

第 71 局　张强胜洪智

1. 兵七进一　马8进7　　2. 兵三进一　炮2平3
3. 相七进五　马2进1　　4. 马八进七　车1平2
5. 车九平八　炮8平9　　6. 炮八进五　车9平8
7. 炮二平四　象7进5　　8. 马二进三　卒1进1（图141）
9. 车一进一　车8进6　　10. 马三进四　车8平6
11. 马四进三　车6进1　　12. 马三进一　卒3进1
13. 马七进六　卒3进1　　14. 马六进七　马7进8
15. 马一退三　车6退3　　16. 车一平八　车2进1

17. 仕六进五　车 2 平 7
18. 马三进五！象 3 进 5
19. 马七进九　炮 3 平 1
20. 炮八进二　象 5 退 3
21. 前车进五　车 7 平 4
22. 前车平五　士 6 进 5
23. 车八进七　马 8 进 6
24. 车五平七　车 6 退 2
25. 车八退六　炮 1 退 2
26. 车七退二　车 4 进 1
27. 炮八退五　车 4 平 2
28. 车七进五　炮 1 进 6
29. 车七退六　卒 1 进 1
30. 炮八进一　马 6 退 4

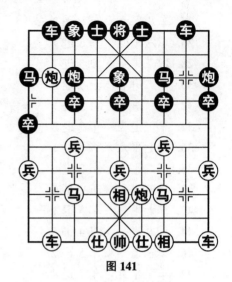

图 141

31. 车七平六　马 4 进 2
32. 炮八平七　车 2 平 3
33. 车六平七　车 6 平 5
34. 兵五进一　车 5 进 3
35. 炮七平五　车 3 平 5
36. 炮五平七　后车平 3
37. 炮七平五　车 3 平 5
38. 炮五平七　后车平 3
39. 炮七平五　车 3 平 5
40. 炮五平七　后车平 3
41. 炮七退一　车 5 退 2
42. 仕五进六　炮 1 平 9
43. 车八平二　炮 9 平 5
44. 仕四进五　炮 5 退 1
45. 车二进六！车 3 进 1
46. 兵三进一　马 2 进 1
47. 车七平四　车 5 平 6
48. 兵三平四　车 6 退 1
49. 车二进二　士 5 退 6
50. 帅五平四　卒 1 平 2
51. 炮七退四　炮 5 退 4
52. 仕五进四　炮 5 进 1？
53. 相五进七！马 1 进 3
54. 车二退八　炮 5 平 1
55. 相七退九　马 3 退 2
56. 炮七平五！马 2 进 4
57. 炮五进二　车 6 平 3
58. 车二进八（图 142）

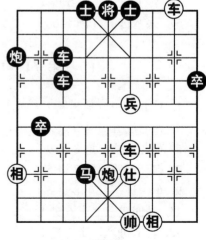

图 142

第二章 七路马

第72局 庄玉庭胜王晓华

1. 兵七进一 马8进7　　　　2. 马八进七 卒7进1
3. 车九进一 象7进5　　　　4. 马七进六 马2进3
5. 炮二平七 炮2平1　　　　6. 车九平八 车1平2
7. 炮八进四 车9平8　　　　8. 相三进五 炮1进4（图143）
9. 马二进四 炮8平9　　　　10. 马四进六 车8进1
11. 仕四进五 车8平4　　　　12. 前马进五 马7进6
13. 车一平四 马6进5?　　　　14. 炮七进四 车4平8
15. 马五进七 炮9平3　　　　16. 炮七平五 士6进5
17. 炮八平七! 车2平1　　　　18. 车八进二! 马5进7
19. 车四进二（图144）

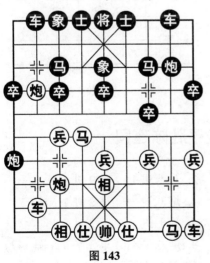

图143

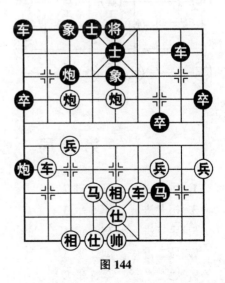

图144

第73局　许国义胜王新光

1. 兵七进一　马8进7	2. 马八进七　象3进5
3. 炮二平六　车9平8	4. 马二进三　炮8平9
5. 相七进五　卒7进1	6. 车一进一　车8进1
7. 马七进六　马2进4	8. 炮八进二　车1平3（图145）
9. 车九平七　炮2平3	10. 车一平八　炮3平2
11. 车八平四　炮2平3	12. 车七平九　车3平2
13. 车九平八　车2进3	14. 车四平八　卒1进1
15. 炮八退一　马4进6	16. 马六进五　车8平4
17. 仕六进五　马6进5？	18. 兵五进一！马7进5
19. 兵五进一　马5退7	20. 兵五平六！（图146）

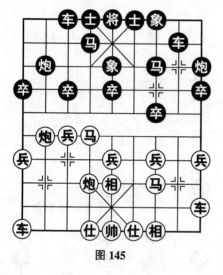

图145

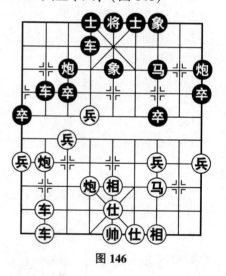

图146

第74局　张晓平胜陈建国

1. 兵七进一　马8进7	2. 马八进七　车9进1
3. 相七进五　车9平3	4. 炮八退一　马2进1
5. 兵三进一　卒3进1	6. 兵七进一　车3进3
7. 马二进一　炮2平3	8. 炮八平七　车3平4（图147）
9. 炮七平三　车1平2	10. 炮二平三　马1进3？

11. 车一平二　炮 3 进 5
12. 前炮平七　炮 8 平 9
13. 炮三进五！马 3 进 4
14. 炮三进三　士 6 进 5
15. 炮七进二　象 3 进 5
16. 车二进七！炮 9 进 4
17. 车二平三　马 4 进 6
18. 仕四进五　炮 9 平 5
19. 炮三平一　将 5 平 6
20. 炮七进四　士 5 进 4
21. 炮七平二 （图 148）

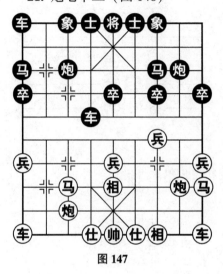

图 147

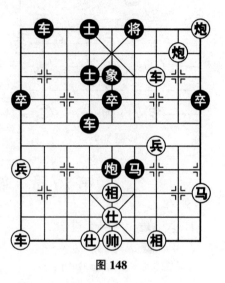

图 148

第75局　李鸿嘉负王晓华

1. 兵七进一　马 8 进 7
2. 马八进七　卒 7 进 1
3. 车九进一　象 7 进 5
4. 相三进五　马 2 进 1
5. 车九平三　炮 8 退 2
6. 兵三进一　卒 7 进 1
7. 车三进三　炮 8 平 7
8. 车三平二　车 1 进 1
9. 车一进一　车 1 平 4
10. 兵九进一　车 4 进 3 （图 149）
11. 炮八平九　炮 2 平 4
12. 炮九退一　士 6 进 5
13. 车一平四　卒 3 进 1
14. 兵七进一　车 4 平 3
15. 仕四进五　马 7 进 6
16. 车二进四　炮 7 平 6
17. 车四平三　炮 4 平 5
18. 炮二平三？炮 4 平 7！
19. 马七进九　车 3 进 4
20. 车三进一　车 3 平 1
21. 马九进七　车 1 平 4 （图 150）

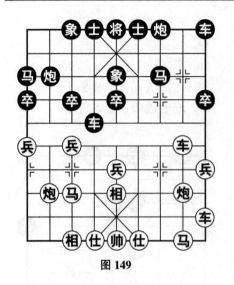

图 149

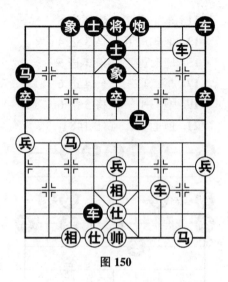

图 150

第76局 谢侠逊胜邓春林

1. 兵七进一　马8进7	**2.** 马八进七　象3进5
3. 马二进三　马2进4	**4.** 车一进一　车1平3
5. 车一平六　车9进1	**6.** 马七进八　炮2平1
7. 车六进六　马7退8	**8.** 车六退二　马8进7（图151）
9. 车九进一　卒7进1	**10.** 车九平六　马4进6

11. 马八进七　炮1进4

12. 马七进六　士6进5

13. 后车进二　炮1退2

14. 炮八进七　炮8进2

15. 前车进一　马6进5

16. 兵五进一　炮8退3

17. 后车平八　炮8平4

18. 马三进五！马7进6

19. 兵五进一　马6进5

20. 车六进二　车9平8

21. 炮二平五　马5退3

22. 炮五进四！（图152）

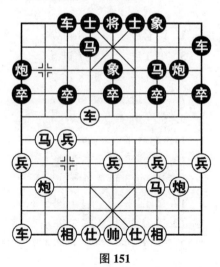

图 151

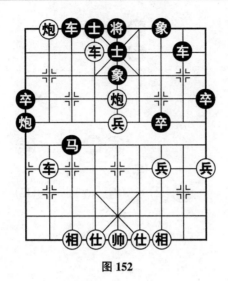

图 152

第 77 局 朱晓虎胜邱东

1. 兵七进一 马8进7	2. 马八进七 车9进1
3. 相七进五 象3进5	4. 马二进一 马2进4
5. 车一进一 车1平3	6. 车一平六 卒7进1
7. 仕六进五 马7进8	8. 炮二平四 车9平6 (图153)
9. 车六进四 卒3进1	10. 兵七进一 车3进4
11. 车六平七 象5进3	
12. 车九平六 象3退5	
13. 兵一进一 炮2退1	
14. 车六进六 马8退7	
15. 帅五平六 炮2进1	
16. 马七进八 炮2进5	
17. 炮四平八 马7进6	
18. 车六退三 炮8进1	
19. 马一进二 马6退7	
20. 兵五进一 马7进8	
21. 马二退一 卒7进1	
22. 兵三进一 马8进6	
23. 马八退七! (图154)	

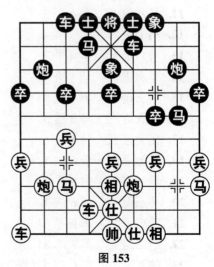

图 153

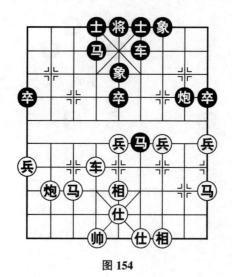

图 154

第78局 熊学元负郭福人

1. 兵七进一 马8进7	2. 马八进七 卒7进1
3. 车九进一 象3进5	4. 相三进五 马2进4
5. 马二进三 车9进1	6. 车一进一 车1平3
7. 马七进六 卒3进1	8. 兵七进一 车3进4（图155）
9. 车九平七 车3平4	10. 车一平六 炮8进1

11. 马六退七 车4平3

12. 马七进六 车3平4

13. 马六退七 车4平3

14. 车六进一 马4进3

15. 兵三进一 卒7进1

16. 相五进三 马3进5

17. 相七进五 马5进6

18. 车七平六 士6进5

19. 炮二进一 炮8平7

20. 马三退一？ 马6进7

21. 后车平四 车9平6！

22. 炮二退二 车3平8！

23. 帅五进一 车6进5（图156）

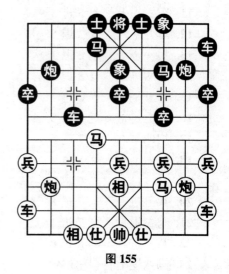

图 155

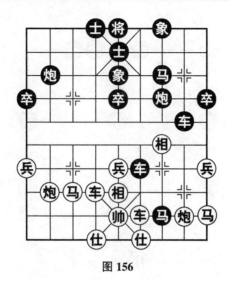

图 156

第79局 黄仕清胜龚晓民

1. 兵七进一	马8进7	2. 马八进七	卒7进1
3. 车九进一	象3进5	4. 相三进五	马2进4
5. 马二进四	卒3进1	6. 马四进六	马7进6
7. 兵七进一	炮8平6	8. 马六进七	炮2平3（图157）
9. 车九平六	车9进1	10. 车六进四	炮3进3

11. 相五进七　马6进7
12. 炮二平六　马4进2
13. 兵七平八　车9平3
14. 相七进九　炮6进5?
15. 炮八进五　炮6平3
16. 车一进一!　炮3进2
17. 相九退七　车3进4
18. 车一平三　卒7进1
19. 炮六进九　马7进9
20. 车三进一　马9进8
21. 车三退二　马8退9
22. 相七进五　卒7平8
23. 炮六退一　车3进2

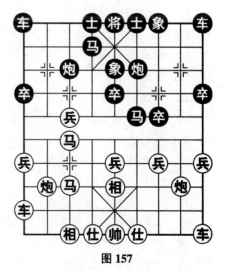

图 157

24. 仕四进五（图158）

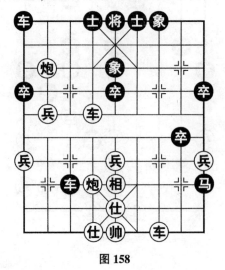

图 158

第80局　王嘉良负胡荣华

1. 兵七进一	马8进7	**2.** 马八进七	象3进5
3. 马二进三	卒7进1	**4.** 车一进一	炮8平9
5. 马七进八	马2进4	**6.** 车一平六	车9进1（图159）
7. 车六进四	车9平8！	**8.** 车九进一	马4进6

9. 马八进七　炮2平3

10. 炮二退一　车1平2

11. 炮八进三　车8进6

12. 炮二平八　车2平3

13. 车九进一　士6进5

14. 车九平四　炮9进4

15. 前炮进一　炮9退2

16. 车六进一　马6进5

17. 相七进五　马7进6！

18. 车六平五　马5进4

19. 后炮平六　炮3进3

20. 车五平一　炮3进4

21. 仕六进五　炮3平1

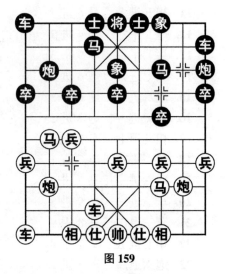

图 159

22. 仕五进六　马 4 进 2　　　　**23.** 炮六平八　马 6 进 4
24. 前炮进三　马 4 退 3　　　　**25.** 车一平七　马 2 进 4！（图 160）

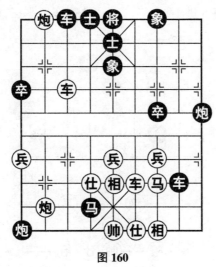

图 160

第 81 局　吕钦胜黎德志

1. 兵七进一　马 8 进 7　　　　**2.** 马八进七　卒 7 进 1
3. 炮八平九　炮 2 平 6　　　　**4.** 车九平八　马 2 进 3
5. 马七进六　炮 8 进 4　　　　**6.** 马二进三　士 4 进 5
7. 车一进一　象 3 进 5
8. 车一平四　炮 8 退 2（图 161）
9. 车四进五　卒 3 进 1
10. 兵七进一　车 1 平 4
11. 马六退四　炮 6 进 4
12. 兵七进一！马 6 平 1
13. 兵七进一　炮 1 平 3
14. 兵七进一　卒 7 进 1
15. 兵三进一　炮 3 退 3
16. 车四退二　炮 8 平 3
17. 炮二进六　车 4 进 8
18. 仕六进五　士 5 退 4
19. 炮九平六　车 9 平 8

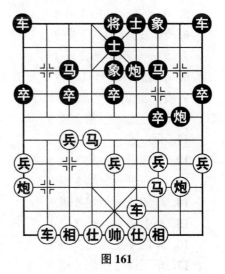

图 161

20. 兵七平六！　车 8 进 1？　　　**21.** 车四平六！　士 6 进 5

22. 车八进九　将 5 平 6　　　　**23.** 兵六平五　车 8 平 5

24. 车六进五　将 6 进 1　　　　**25.** 车六平三（图 162）

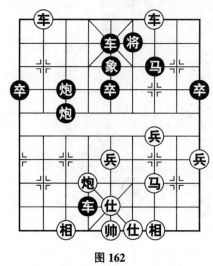

图 162

第 82 局　李雪松胜陈建国

1. 兵七进一　马 8 进 7　　　　**2.** 马八进七　车 9 进 1

3. 相七进五　象 3 进 5　　　　**4.** 马二进一　卒 7 进 1

5. 车一进一　马 7 进 8

6. 炮二进五　炮 2 平 8

7. 车一平四　马 2 进 4

8. 车九平八　车 1 平 2（图 163）

9. 炮八进四　卒 3 进 1

10. 兵七进一　象 5 进 3

11. 兵一进一　车 2 进 2

12. 车四进四　象 3 退 5

13. 兵三进一　马 8 退 7

14. 车四进一　炮 8 进 5

15. 马七进六　卒 7 进 1

16. 车四平三　车 9 进 1

17. 车三退二　炮 8 退 6

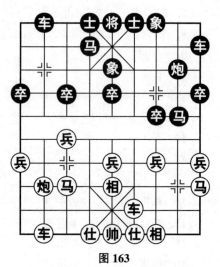

图 163

18. 车三平二　炮8平7
19. 车八进五　士4进5
20. 兵九进一　炮7平9
21. 车二进四　卒9进1
22. 马一进二　象5进3?
23. 马二进三　车9进1
24. 马六进四　卒9进1?
25. 车八平七!　车2进1
26. 马四进三!（图164）

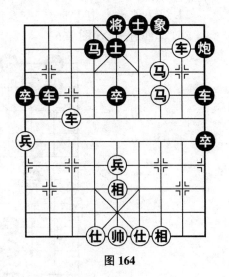

图 164

第83局　陶汉明胜胡荣华

1. 兵七进一　马8进7		2. 马八进七　卒7进1
3. 炮八平九　马2进3		4. 车九平八　车1平2
5. 炮二平六　象3进5		6. 马二进三　马7进6
7. 车一平二　炮8平7		8. 车二进四　卒7进1
9. 车二平三　车9进1		10. 相三进五　车9平4（图165）

11. 车八进四　炮2退1
12. 仕四进五　车4进5
13. 车三平四　车4退2
14. 马七进六　车4进1
15. 车四进一　卒3进1
16. 车四进二　炮7进2
17. 兵三进一　马3进2
18. 车八平九　马2进3
19. 车九平八　卒3进1
20. 车八进二　炮7平3
21. 炮九进四　马3进4
22. 炮九平五　士4进5
23. 帅五平四!　炮3退4

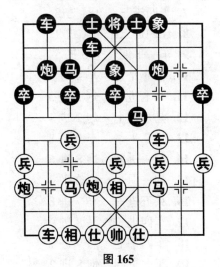

图 165

24. 车八平七　炮 3 平 4　　**25.** 车七进二　车 4 进 2？

26. 车四进一！（图 166）

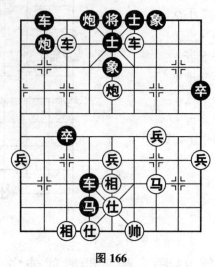

图 166

第 84 局　金波负阎文清

1. 兵七进一　马 8 进 7　　**2.** 马八进七　卒 7 进 1

3. 相三进五　象 7 进 5　　**4.** 车九进一　马 2 进 1

5. 马二进三　车 1 进 1　　**6.** 车九平四　车 1 平 4

7. 车四进三　车 4 进 3

8. 仕四进五　卒 1 进 1

9. 车一平四　士 6 进 5

10. 前车平六　车 4 进 1（图 167）

11. 马七进六　炮 2 进 3

12. 马六退七　炮 2 进 1

13. 炮二平一　车 9 平 8

14. 炮一进四　炮 8 进 5

15. 炮一退一　炮 2 平 3

16. 兵五进一　马 7 进 8

17. 车四进三？马 8 进 9！

18. 车四平七　马 9 进 7

19. 车七平四　炮 8 进 2

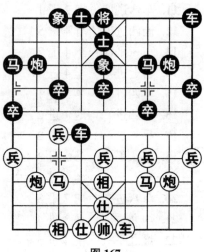

图 167

20. 仕五进六	马 7 进 9	**21.** 帅五进一	马 9 退 8
22. 车四退一	马 8 退 9	**23.** 车四平一	车 8 进 4
24. 马七进六	卒 7 进 1	**25.** 马六进五	卒 7 进 1
26. 马五进三	车 8 平 2	**27.** 车一平二	马 9 进 8 （图 168）

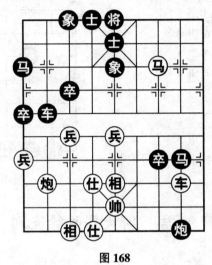

图 168

第 85 局　苗利明负陈富杰

1. 兵七进一	马 8 进 7
3. 马二进三	车 9 进 1
4. 炮二平一	马 7 进 8
5. 车九进一	马 2 进 3
6. 车九平四	车 1 进 1
7. 炮八进一	车 1 平 4
8. 车四进四	车 4 进 5 （图 169）
9. 车四平三	车 4 平 2
10. 车三平二	车 2 平 3
11. 车一进一	车 9 平 7
12. 车一平八	炮 8 平 9
13. 车二退二	炮 2 进 4
14. 相七进五	炮 9 平 7
15. 马三退一	车 7 平 6

2. 马八进七　卒 7 进 1

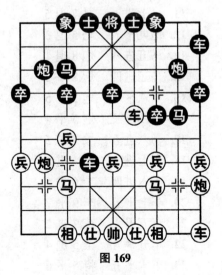

图 169

16. 兵三进一　车6进3
17. 仕四进五　卒3进1
18. 车二进四　炮2退4!
19. 车八进五　卒3进1
20. 车八平七?　马3退5!
21. 车二退一　车6进4
22. 炮一进四　车3进1
23. 炮一平五　马5进3
24. 车七进一　炮2进7
25. 相五退七　车3进2
26. 车七平五　士4进5
27. 车五平八　将5平4!（图170）

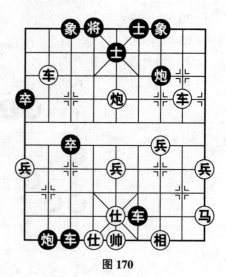

图 170

第86局　柳大华胜徐天利

1. 兵七进一　马8进7　　　　2. 马八进七　象3进5
3. 马二进三　卒7进1　　　　4. 炮八平九　马2进4
5. 车一进一　马7进8　　　　6. 炮二进五　炮2平8
7. 车九平八　卒3进1　　　　8. 车一平六　马4进2?（图171）
9. 车八进六!　卒3进1　　　　10. 兵五进一　马8进7
11. 马七进五　马7退5
12. 炮九平五　马5退3
13. 马五进六　炮8退1
14. 马三进四　炮8平2
15. 车八平七　炮2平5
16. 马四进三　炮5平4
17. 马六进五!　象7进5
18. 车七进一　车1进1
19. 车六进四　士6进5
20. 车七平五　车9平7
21. 车五退一　车7进2
22. 车五平九　士5进4
23. 车六平五　将5平6

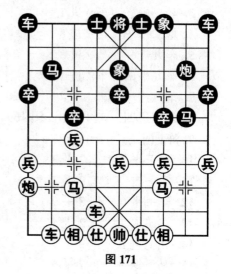

图 171

24. 马三进五! 车 7 平 5　　　　**25.** 车九平四　炮 4 平 6

26. 车五进二　卒 3 平 4　　　　**27.** 车五平三（图 172）

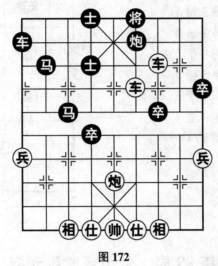

图 172

第 87 局　宋国强胜罗忠才

1. 兵七进一　马 8 进 7　　　　**2.** 马八进七　卒 7 进 1

3. 炮二平六　车 9 平 8　　　　**4.** 马二进三　马 2 进 1

5. 炮八平九　车 1 平 2　　　　**6.** 车九平八　炮 2 进 4

7. 相三进五　炮 2 平 3

8. 炮九进四　士 6 进 5

9. 仕四进五　象 7 进 5

10. 车一平四　炮 8 平 5（图 173）

11. 兵九进一　卒 5 进 1

12. 车八进九　马 1 退 2

13. 兵九进一　马 7 进 8

14. 马七进九　马 8 进 9

15. 车四平一　马 9 退 8

16. 马九进八　炮 3 平 4

17. 炮九进三　马 8 进 7

18. 马八进六　马 2 进 3

19. 车一进六　炮 8 平 9?

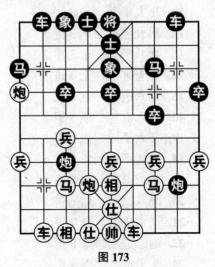

图 173

20. 马六进七　炮4退5
21. 炮六平八！车8进2
22. 炮八进七　马3退1
23. 炮八退一！马7进5
24. 相七进五　炮9平5
25. 仕五进六　象5退7
26. 炮八平六　车8平3
27. 炮六平九　车3退1
28. 后炮退二（图174）

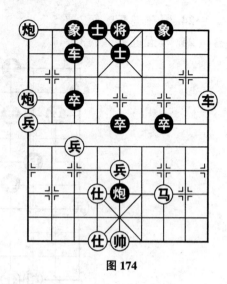

图 174

第88局　甘小晋胜张元启

1. 兵七进一　马8进7
2. 马八进七　卒7进1
3. 车九进一　象3进5
4. 相三进五　马2进4
5. 马二进四　车1平3
6. 车一平三　卒3进1
7. 兵七进一　车3进4
8. 马七进八　车9进1
9. 兵三进一　卒7进1
10. 车三进四　马7进6（图175）
11. 车九平六　炮8平6
12. 兵九进一　车3进5
13. 炮八平七　车3平2
14. 炮七进七　士4进5
15. 车六进七　炮6退1
16. 车六退三　象5退3
17. 车六平四　炮2平6
18. 车四平七　象3进5
19. 车七退四　前炮进7?
20. 马八进六　后炮进1
21. 马六进五！象7进5
22. 炮二进七　象5退7
23. 车七进八　士5退4

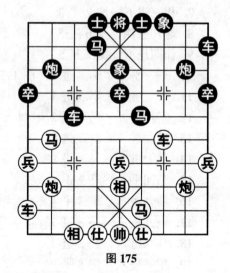

图 175

90

24. 车三平六！ 车9平2　　　　25. 车六进五　将5进1

26. 车六平四　后车进7　　　　27. 车七平五　将5平4

28. 车五平六　将4平5　　　　29. 车四平五（图176）

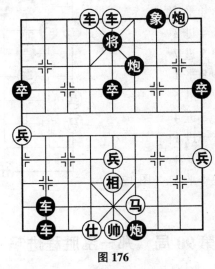

图 176

第89局　蒋凤山负李智屏

1. 兵七进一　马8进7　　　　2. 马八进七　卒7进1

3. 相七进五　马2进3　　　　4. 马二进一　象3进5

5. 车一进一　车9进1

6. 车九进一　车9平4

7. 兵一进一　士4进5

8. 车一平四　卒5进1（图177）

9. 炮八进四　卒3进1

10. 兵七进一　马3进5

11. 兵七进一　车1平3

12. 炮八平五　马7进5

13. 兵七平八　炮2退2

14. 车九平六　车3平4

15. 车六进七　车4进1

16. 车四进三　马5进3

17. 车四平七　车4进5

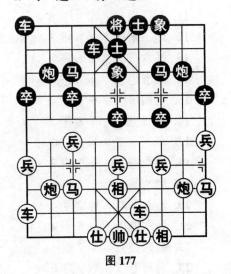

图 177

91

18. 炮二进三　马 3 退 4
19. 炮二退二　炮 2 平 3
20. 兵三进一　车 4 退 3
21. 兵三进一　车 4 平 2
22. 车七平三　马 4 进 3
23. 马七进八　象 5 进 7
24. 仕四进五　炮 8 平 1
25. 马一进二　象 7 进 5
26. 车三平六　士 5 进 4
27. 马八退九？卒 5 进 1！
28. 兵五进一　炮 3 平 4
29. 车六平七　炮 1 平 3！（图 178）

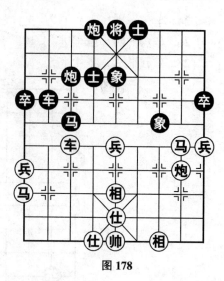

图 178

第 90 局　郑一泓胜程进超

1. 兵七进一　马 8 进 7　　2. 马八进七　卒 7 进 1
3. 相三进五　象 7 进 5　　4. 马二进四　马 2 进 1
5. 车一平三　车 1 进 1　　6. 兵三进一　车 1 平 6
7. 车九进一　卒 7 进 1　　8. 车三进四　马 7 进 8（图 179）
9. 车三进二　炮 8 平 7　　10. 马七进六　马 8 进 6
11. 车三退三　车 9 平 8
12. 炮二平四　马 6 进 8
13. 马六进五　车 6 进 2
14. 马五退六　车 8 进 4
15. 炮四进三　车 6 平 4
16. 车三进一　车 8 平 7
17. 车三平二　马 8 进 7
18. 炮八进三　车 7 退 3
19. 炮八平五　士 4 进 5
20. 车九平八　炮 2 平 4
21. 马六退四　将 5 平 4
22. 炮四进三　车 7 退 4
23. 前马退三　炮 7 进 6

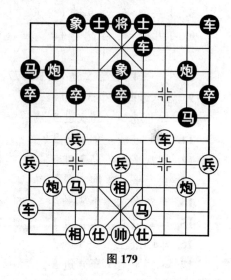

图 179

24. 车八进七　炮4进7　　　**25.** 车二平三！车7进2

26. 相五进三　象5进7　　　**27.** 炮四退六　车4进5

28. 仕四进五　炮7平5?　　　**29.** 炮五退四！（图180）

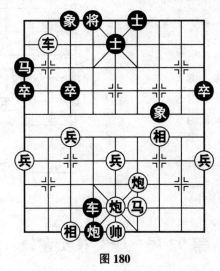

图 180

第91局　吕钦胜黄运兴

1. 兵七进一　马8进7　　　**2.** 马八进七　车9进1

3. 马二进三　卒7进1　　　**4.** 炮八平九　炮2平5

5. 车九平八　马2进3

6. 相三进五　车1进1

7. 仕四进五　车1平6

8. 马七进六　马7进6（图181）

9. 马六进四　车6进3

10. 炮二平一　炮8进4

11. 车八进六　炮8平5

12. 马三进五　炮5进4

13. 车八平七　炮5平3?

14. 车七平六　车6平4

15. 车六退一　马3进4

16. 车一平四　车9平8?

17. 兵七进一！马4进5

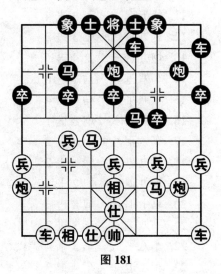

图 181

18. 车四进六　象7进5
19. 炮一进四　卒5进1
20. 炮一平九　象5进3
21. 后炮平六　卒5进1
22. 炮九平五！马5进3？
23. 车四退三　炮3平2
24. 车四平八　马3退4
25. 相五进七　车8进8
26. 仕五退四　车8退3
27. 炮五平九　车8平9
28. 炮九退二　象3退5
29. 相七进五　士6进5
30. 车八平六（图182）

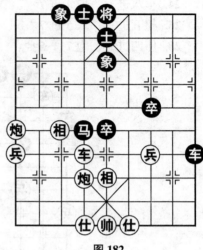

图 182

第 92 局　李艾东负谢靖

1. 兵七进一　马8进7
2. 马八进七　卒7进1
3. 相七进五　象3进5
4. 马二进一　车9进1
5. 车一进一　车9平4
6. 炮八平九　车4进5
7. 车一平八　马2进4
8. 仕六进五　卒3进1（图183）
9. 兵七进一　车1平3
10. 车九平六　车4进3
11. 仕五退六　车3进4
12. 炮九进四　车3进2
13. 炮九进三　士4进5
14. 车八进三　马7进6
15. 车八平四　马6退4
16. 车四平六　炮8进1
17. 车六平八　炮2进2
18. 兵九进一　后马进2
19. 炮九退三　炮2平3
20. 马七退八　炮8进3
21. 马八进六　车3进3
22. 车八平二？车3平4
23. 车二退一　车4退3

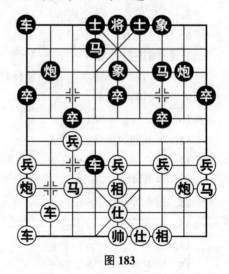

图 183

24. 兵一进一　卒5进1　　　25. 车二进三? 炮3平2!

26. 仕四进五　车4平1!　　　27. 炮九平八　车1退2

28. 相五退七　车1平2　　　　29. 炮二平八　炮2平3

30. 炮八进五　马4进3!（图184）

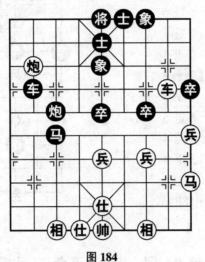

图 184

第93局　钱洪发胜高明海

1. 兵七进一　马8进7　　　　2. 马八进七　卒7进1

3. 车九进一　车9进1

4. 兵三进一　卒7进1

5. 车九平三　象3进5

6. 车三进三　马2进4

7. 炮二平三　马7进8

8. 相三进五　炮2进4（图185）

9. 炮三平四　车9平6

10. 仕四进五　车6进4

11. 车三进四　士4进5

12. 马二进三　马8进7

13. 车一平二　炮8平6

14. 炮四进五　车6退3

15. 马七进八　车1进2

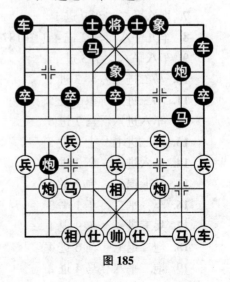

图 185

16. 车三退四　车 1 平 4
18. 车二平四　车 6 平 7?
20. 兵七进一　车 4 平 3
21. 马八进六　车 3 平 4
22. 马六进四　士 5 进 6
23. 车四进二　炮 2 进 1
24. 兵五进一！卒 5 进 1
25. 车三平八　炮 2 平 3
26. 车八退二　车 4 平 3
27. 马四进六　士 6 进 5
28. 车八进七　士 5 退 4
29. 车四进五！车 3 平 4
30. 帅五平四　车 4 退 4
31. 车八平六（图186）

17. 炮八平六　车 6 进 6
19. 兵五进一！车 4 进 4

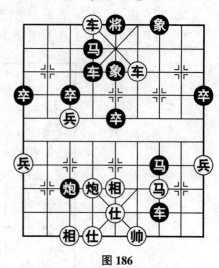

图 186

第94局　廖二平负陈泓盛

1. 兵七进一　马 8 进 7
3. 车九进一　象 3 进 5
5. 兵一进一　卒 9 进 1
7. 炮八平二　车 9 进 1
8. 车九平八　马 2 进 4（图187）
9. 车八平六　卒 3 进 1
10. 马二进三?　卒 3 进 1
11. 马三进五　象 7 进 5
12. 车六进六　马 7 进 6
13. 炮二进七　士 6 进 5
14. 车六进一　卒 3 进 1
15. 马七退五　炮 2 平 4
16. 车一平二　车 1 平 3
17. 兵五进一　车 9 退 1
18. 炮二退七　马 6 进 4
19. 炮二平八　马 4 进 2

2. 马八进七　卒 7 进 1
4. 马二进一　卒 9 进 1
6. 马一进二　炮 8 进 5

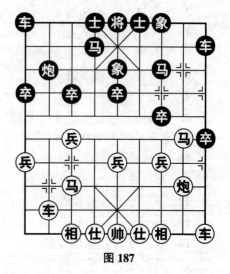

图 187

20. 车六平八　　车9平6
21. 车八退四　　车6进8
22. 车二进九　　士5退6
23. 相七进九　　炮4进5!
24. 相九退七　　车3进1
25. 马五进六　　车6退2
26. 车二退二　　车6平4
27. 车二平五　　车3平5
28. 车五平四　　卒3进1!
29. 兵五进一　　炮4平2
30. 车八平四　　马2进4
31. 帅五进一　　车5平8（图188）

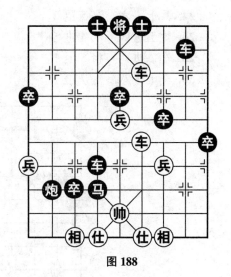

图 188

第 95 局　　袁洪梁胜苗永鹏

1. 兵七进一　　马8进7
2. 马八进七　　炮8平9
3. 马二进三　　车9平8
4. 车一平二　　车8进4
5. 炮二平一　　车8进5
6. 马三退二　　卒7进1
7. 车九进一　　马2进3
8. 兵三进一　　卒7进1
9. 车九平三　　炮9退1
10. 车三进三　　炮9平7（图189）

11. 车三平二　　炮7进8?
12. 仕四进五　　炮7退5
13. 马二进三　　象3进5
14. 马三进四　　车1平3
15. 马七进六　　卒3进1?
16. 兵七进一　　马3退5
17. 马四进五　　炮7进2
18. 炮一平七!　　车3平1
19. 兵九进一　　卒1进1
20. 炮七平五　　卒1进1
21. 兵七进一　　车1进4
22. 炮八进三!　　炮7退3
23. 兵七进一　　炮2进1

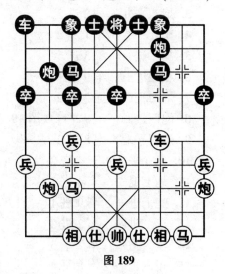

图 189

24. 兵七平六　马 5 退 3　　**25.** 兵六平五　马 7 进 5

26. 炮五进四　士 4 进 5　　**27.** 前兵进一　将 5 进 1

28. 车二进四　将 5 退 1　　**29.** 车二平七　马 3 进 1

30. 车七平八　炮 7 进 1　　**31.** 马六进七　（图 190）

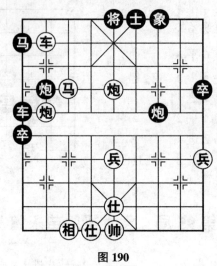

图 190

第 96 局　王秉国胜王荣塔

1. 兵七进一　马 8 进 7　　**2.** 马八进七　卒 7 进 1

3. 炮八平九　马 2 进 3

4. 车九平八　车 1 平 2

5. 马二进一　象 3 进 5

6. 相七进五　车 9 进 1

7. 炮二平四　炮 2 进 2

8. 炮四进四　车 9 平 4　（图 191）

9. 炮四平七　炮 8 进 2

10. 车一平二　车 4 进 2

11. 炮七退一　车 4 进 1

12. 炮七进一　卒 9 进 1

13. 车二进四　车 2 进 3？

14. 车二平六！　车 2 平 3

15. 车六进一　炮 8 平 4

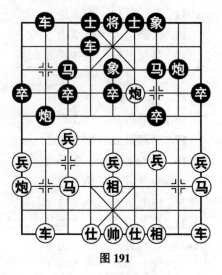

图 191

16. 车八进五　车3进2

17. 相五进七　马3进2

18. 炮九进四　马7进6

19. 兵九进一　马2进3

20. 马一退三　马6进4

21. 马三进五　炮4平5

22. 马七退八　马3进2

23. 仕四进五　炮5平4

24. 炮九平八　炮4退2

25. 炮八进三　士4进5

26. 炮八退七！马4退6?

27. 兵五进一！马6退4

28. 马五进七　马4进3

29. 马八进六　炮4平3

30. 相三进五　马3退2

31. 帅五平四　士5进6

32. 马七退八（图192）

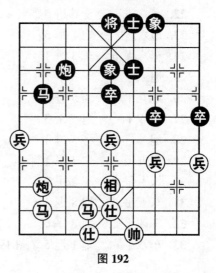

图 192

第 97 局　柳大华负孙浩宇

1. 兵七进一　马8进7

2. 马八进七　车9进1

3. 相三进五　象3进5

4. 兵三进一　马2进4

5. 马二进三　卒3进1

6. 兵七进一　车1平3

7. 马七进六　车3进4

8. 炮八平六　卒7进1

9. 兵三进一　车3平7

10. 车九平八　马7进6（图193）

11. 车八进四　马6进4

12. 车八平六　马4进3

13. 车六进二　车9平3

14. 炮二进四　马3进1

15. 兵九进一　马1进3

16. 相五进七　车7进3

17. 相七退五　车7进1

18. 仕四进五　炮2进7

19. 车六平八　炮2平1

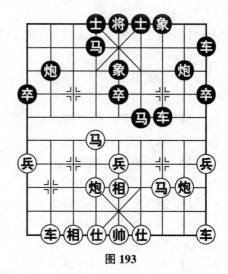

图 193

20. 车一平四　车3进7
21. 车八退六　炮1退1
22. 车八进六　士6进5
23. 炮六进六　炮1平5!
24. 车八平五　车3进1
25. 炮二平九　车3平2
26. 炮九平七　士5进6
27. 炮六平一　炮5平3
28. 炮一进一　将5进1
29. 相五退七　炮3平1
30. 炮七平九?　车2平3!
31. 车五平八　炮8退1
32. 车四平二　炮8平6
33. 车八平六　炮1退5（图194）

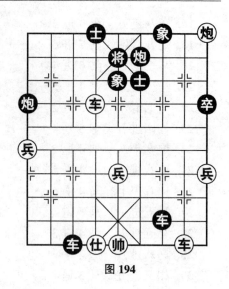

图 194

第98局　曹延磊胜陈富杰

1. 兵七进一　马8进7
2. 马八进七　卒7进1
3. 相三进五　象7进5
4. 车九进一　马2进1
5. 车九平三　车1进1
6. 兵三进一　卒7进1
7. 车三进三　炮8退2
8. 炮二进四　炮8平7
9. 炮二平三　车1平4
10. 马二进三　车4进5（图195）
11. 车一平二　车4平3
12. 马七退五　车3平1
13. 车二进三　车1退2
14. 马三进四　炮2进3
15. 炮三进三　车9平7
16. 马五进七　炮2平6
17. 车三平四　车1平2
18. 炮八平九　卒1进1
19. 马七进六　车2平7
20. 相五进三!　后车平8
21. 车二进六　马7退8

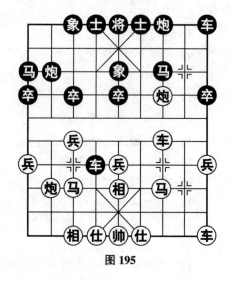

图 195

22. 炮九平五 士 4 进 5
23. 马六进五 车 7 平 4
24. 兵五进一 马 1 进 2
25. 炮五平一 车 4 进 2
26. 相三退五 车 4 平 9
27. 炮一平三 士 5 进 4？
28. 炮三进六 士 6 进 5
29. 车四平二 马 8 进 6
30. 车二进五 士 5 退 6
31. 马五进三 车 9 平 6？
32. 炮三进一！ 士 6 进 5
33. 马三进四 (图 196)

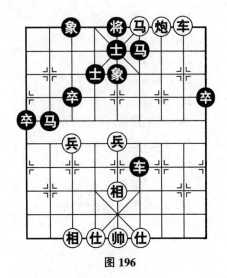

图 196

第 99 局　郑一泓胜董旭斌

1. 兵七进一　马 8 进 7
2. 马八进七　车 9 进 1
3. 相三进五　象 3 进 5
4. 兵三进一　马 2 进 4
5. 马七进六　车 9 平 6
6. 马二进三　卒 3 进 1
7. 兵七进一　车 1 平 3
8. 炮八平六　车 3 进 4 (图 197)
9. 车九平八　卒 7 进 1
10. 兵三进一　车 3 平 7
11. 炮二退二！马 7 进 6？
12. 炮二平三　马 6 进 7
13. 车一平二　炮 8 平 7
14. 车二进三　车 6 进 4
15. 车八进四　马 4 进 6
16. 炮六进一　马 6 进 5
17. 炮六平三　马 5 进 6
18. 马六退四！车 6 进 1
19. 前炮进四　车 6 平 8
20. 后炮进五　炮 2 平 7
21. 马三进四　车 8 平 5
22. 炮三平八　车 5 退 2
23. 炮八进四　士 4 进 5

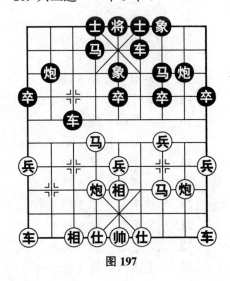

图 197

24. 炮八平九　士 5 进 6
25. 车八进五　将 5 进 1
26. 车八退三　炮 7 进 4
27. 马四进三　炮 7 平 5
28. 相五进三　车 5 进 1
29. 马三进二　炮 5 平 6
30. 仕四进五　车 5 平 6
31. 车八平五　车 6 平 7
32. 马二退四　车 7 进 1
33. 车五平一　（图 198）

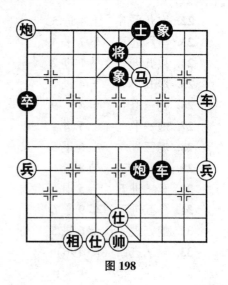

图 198

第 100 局　庄玉庭胜杨汉民

1. 兵七进一　马 8 进 7
2. 马八进七　炮 8 平 9
3. 马二进三　车 9 平 8
4. 车一平二　车 8 进 4
5. 炮二平一　车 8 平 2
6. 炮八进五　炮 9 平 2
7. 车二进六　卒 7 进 1
8. 兵三进一　象 3 进 5（图 199）
9. 车二平三　卒 3 进 1
10. 兵七进一　车 2 平 3
11. 兵三进一　马 2 进 4
12. 马七进六　车 1 平 3
13. 相三进五　前车平 7
14. 车三退一　象 5 进 7
15. 车九平八　车 3 进 4
16. 车八进四　炮 2 平 5
17. 炮一退一！象 7 退 9
18. 炮一平六　马 4 进 3
19. 车八进五　士 6 进 5
20. 车八平七　车 3 进 4？
21. 炮六平五　车 3 平 4
22. 马六进七　炮 5 平 4
23. 马七进八　炮 4 退 1

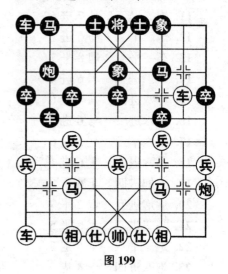

图 199

24. 相五退三　士5进4
25. 炮五进一　车4进1
26. 帅五进一　炮4平7
27. 车七平六　将5进1
28. 马八退六　象7进5
29. 马三进四　车4退6
30. 车六平二！将5平4
31. 车二退一　炮7平5
32. 马六进八　卒5进1
33. 车二平三（图200）

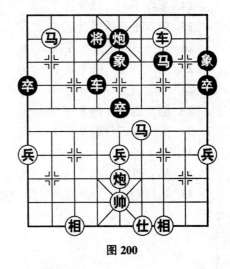

图 200

第 101 局　杨德琪负吕钦

1. 兵七进一　马8进7
2. 马八进七　卒7进1
3. 炮八平九　马2进3
4. 车九平八　车1平2
5. 炮二进四　马7进8
6. 车一进一　车9进1
7. 马二进一　卒9进1
8. 相七进五　象3进5（图201）
9. 车一平六　车9平2
10. 炮二平七　炮2平1
11. 车八进八　车2进1
12. 炮九退二　车2进2
13. 炮七平六　士4进5
14. 兵七进一　炮1退2
15. 炮六退一　卒5进1
16. 车六进三　马3进5
17. 炮九平七　车2进4
18. 马七进八　马5进3
19. 仕四进五　炮1平4
20. 车六平四　车2退1
21. 车四平七　炮4平3！
22. 车七平六　炮3进9
23. 相五退七　车2平5

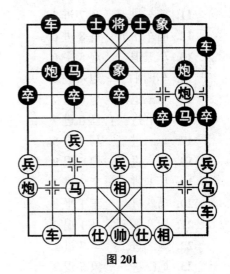

图 201

24. 车六平七　马8进7
25. 炮六平三? 马7退5!
26. 炮三退一　车5平9
27. 马八进七　炮8进6
28. 车七退二　马3进4
29. 炮三退三　炮8平9
30. 炮三平四! 炮9进1
31. 马一退二　车9平7
32. 马七进六　车7进3
33. 炮四退一　马5进6（图202）

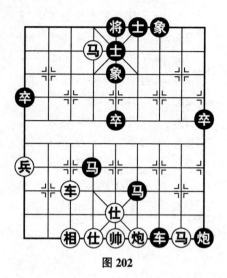

图 202

第 102 局　金波胜朱祖勤

1. 兵七进一　马8进7
2. 马八进七　卒7进1
3. 相三进五　象7进5
4. 车九进一　马2进1
5. 车九平四　车1进1
6. 马二进三　炮2平4
7. 马七进八　卒1进1
8. 炮二进四　士6进5（图203）
9. 仕四进五　马7进8
10. 车一平四　车9平7
11. 前车进五　卒7进1
12. 前车平五　马8进6
13. 车五退二　炮8平6
14. 车四平二　炮4进6
15. 马三退四　炮6进7
16. 相五进三! 马6进7
17. 车二进二　马7进5
18. 仕六进五　炮6退9
19. 兵七进一　卒3进1
20. 马八进六　车1平2
21. 炮八平七　马1退3?
22. 炮二进二　车7进1
23. 炮二进一　象5退7

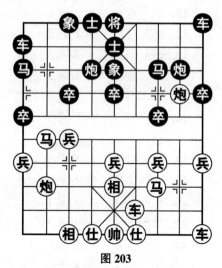

图 203

104

24. 马六进四　车7进1
25. 车二进五！车2进1
26. 车二平三　车2平7
27. 炮二平四　炮4平3
28. 炮四退一　马3进2
29. 炮四平一　车7平6
30. 炮一进一　象7进5
31. 炮七平二　士5进4
32. 车五进二　马2进4
33. 车五平八（图204）

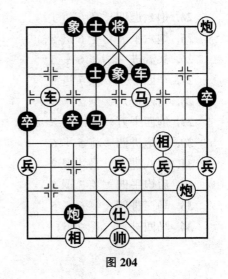

图 204

第103局　陈洪均胜陈松顺

1. 兵七进一　马8进7
2. 马八进七　车9进1
3. 马二进三　象3进5
4. 兵三进一　马2进4（图205）
5. 马七进六？炮2进3！
6. 炮二进二　卒7进1
7. 相七进五　卒7进1
8. 相五进三　炮2平4
9. 炮二平六　车1平2
10. 炮八平六　马7进6
11. 前炮平四　车9平7
12. 相三进五　马6进4
13. 兵五进一　前马进5？
14. 相三退五　炮8进5
15. 车一进二　炮8平5
16. 马三退二　炮5退1
17. 马二进四　炮5平2
18. 车九平八　炮2退2
19. 炮六进三　车7平6
20. 车一平四　车6进3
21. 兵七进一！炮2进1
22. 车八进二　炮2退3
23. 车八进四　象5进3

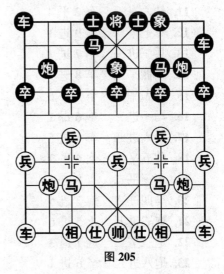

图 205

24．炮六退四　卒 5 进 1
25．炮六平五！　士 6 进 5
26．兵五进一　车 6 平 5
27．车四平三　象 7 进 9
28．马四进三　炮 2 平 7
29．炮四平五　炮 7 进 5
30．后炮进四　将 5 平 6
31．车八进三　马 4 退 2
32．后炮平四　象 3 退 5
33．马三进四　将 6 平 5
34．马四进五（图 206）

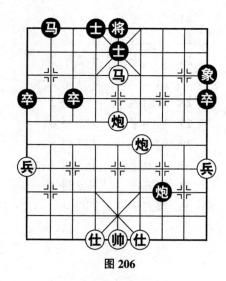

图 206

第 104 局　于红木负姚淳

1．兵七进一　马 8 进 7	2．马八进七　卒 7 进 1
3．相七进五　炮 2 平 6	4．马二进一　马 2 进 3
5．车九平八　象 3 进 5	6．车一进一　炮 8 平 9
7．车一平四　士 4 进 5	8．车四进五　车 9 平 8（图 207）
9．马七进六　车 1 平 2	10．车八平七　车 2 进 4
11．仕六进五　车 2 平 4	
12．车七平六　卒 9 进 1	
13．兵三进一　卒 7 进 1	
14．车四平三　车 8 进 2	
15．炮二平三　卒 7 平 6	
16．马一进三　炮 6 退 1	
17．马六进四？　车 4 进 5	
18．帅五平六　炮 6 平 7	
19．车三平二　车 8 平 1	
20．马四进二　炮 7 进 5	
21．炮三进五　士 5 进 6	
22．炮三平二　炮 7 退 3	
23．炮八进二　卒 6 进 1	

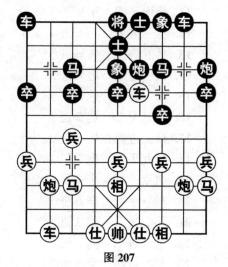

图 207

24. 炮二进二　炮9平8!
25. 兵五进一　卒3进1
26. 兵七进一　象5进3
27. 炮八进三　卒6平5
28. 马二退三　前卒进1
29. 马三进一?　炮8进2
30. 相三进五　马3进2
31. 炮二退三　炮7进3
32. 炮二平九　马2进1
33. 炮九平八　马1进3!
34. 帅六进一　炮8平4（图208）

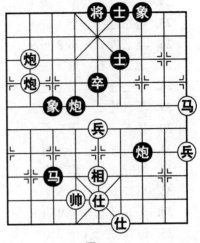

图 208

第105局　郑一泓胜陈寒峰

1. 兵七进一　马8进7
2. 马八进七　卒7进1
3. 相三进五　象7进5
4. 车九进一　马2进1
5. 马二进四　车1进1
6. 车一平三　车1平6
7. 兵三进一　卒7进1
8. 车三进四　士6进5（图209）
9. 马七进六　炮2平4
10. 车三平二　炮8进5
11. 马四进二　车9平6
12. 仕六进五　马7进6
13. 马六进四　前车进3
14. 炮八进四　卒3进1
15. 炮八平一　卒3进1
16. 车九平七　前车平9
17. 炮一平二　车9进2
18. 马二进三　车6平8
19. 车七进三　炮4进1
20. 车二退二　车9平7
21. 炮二进二　炮4退2
22. 炮二退三　炮4进3
23. 车七平六　炮4平2

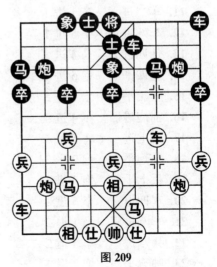

图 209

24. 车六进二！　卒 5 进 1
25. 炮二进一　　卒 1 进 1
26. 马三进五　　车 8 平 9
27. 炮二平五　　炮 2 进 5
28. 相七进九　　马 1 进 2
29. 车六进二　　车 7 退 2
30. 兵五进一　　车 7 平 6
31. 车二进五　　马 2 退 3
32. 炮五进二！　炮 2 平 6
33. 车二平五　　将 5 平 6
34. 车五平七　　车 9 进 9
35. 炮五平三（图 210）

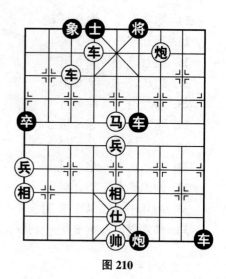

图 210

第 106 局　洪智负刘殿中

1. 兵七进一　马 8 进 7		2. 马八进七　卒 7 进 1
3. 相七进五　车 9 进 1		4. 马二进一　车 9 平 3
5. 炮八退二　马 2 进 1		6. 炮八平七　车 1 平 2
7. 车九平八　车 3 平 4		8. 炮二平四　马 7 进 6（图 211）
9. 车八进五　马 6 进 4		10. 车一平二　炮 8 平 5

11. 车二进六　　卒 1 进 1
12. 车八进一　　卒 5 进 1
13. 仕四进五　　马 4 进 3
14. 炮四平七　　炮 5 进 4
15. 车二平四　　士 4 进 5
16. 前炮进四？　车 4 进 4
17. 兵七进一　　将 5 平 4
18. 前炮平六　　炮 2 平 3！
19. 兵七平八　　炮 3 进 1！
20. 车四退三　　卒 5 进 1
21. 车八进三　　马 1 退 2
22. 兵八进一　　车 4 退 2
23. 帅五平四　　炮 3 退 1

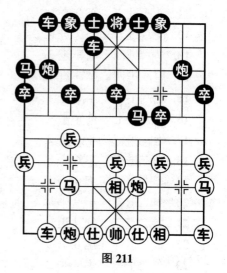

图 211

24. 车四进二　炮3平6
25. 车四平七　卒5平6
26. 车七平四　马2进3
27. 兵八进一　马3进2
28. 炮七进二　将4平5
29. 帅四平五　马2进1
30. 炮七退一　马1进3
31. 马一退二　卒6进1!
32. 帅五平四　卒6进1
33. 相三进一　卒6平5
34. 马二进四　炮5退3
35. 车四进一　炮5进5 (图212)

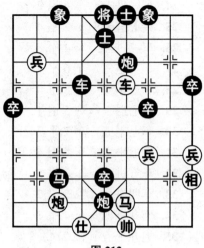

图 212

第107局　周德裕胜董文渊

1. 兵七进一　马8进7	2. 马八进七　车9进1
3. 相三进五　象3进5	4. 炮八平九　卒7进1
5. 车九平八　马2进4	6. 仕四进五　马7进6
7. 炮二平三　车1平2	8. 马二进四　炮2进6 (图213)
9. 马四进二　炮8平6	10. 兵三进一　车9平8

11. 兵三进一! 车8进6
12. 兵三平四　车8平7
13. 马七进八　车7退1
14. 车八进一　车7平6
15. 车八平六　车2进5
16. 车六进七　车6退2
17. 车六退二　车2退2
18. 车六平五　炮6平9
19. 车一平三　士4进5
20. 车五平一　车6进2?
21. 兵七进一! 车2进2
22. 兵七进一　炮9进4
23. 兵七进一　炮9平5

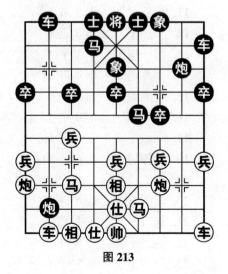

图 213

24. 车一平七　车6退2
25. 兵七进一　车2平4
26. 车三进三　车4平8
27. 车三退三　车6平7
28. 车三平四　车8平4
29. 车七退三　炮5退1
30. 车七平五　车7平3
31. 兵七平六　车4退4?
32. 车五进一　车4进5
33. 车四进八　象5进7
34. 炮九进四　车4平1
35. 炮九平五（图214）

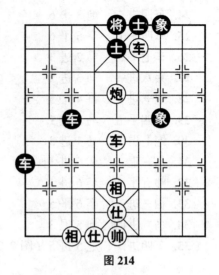

图 214

第 108 局　李艾东负童本平

1. 兵七进一　马8进7
2. 马八进七　卒7进1
3. 炮八平九　炮2平6
4. 车九平八　马2进3
5. 炮二平三　象7进5
6. 马二进一　炮8进5
7. 马七进六　炮8平1
8. 相七进九　车9平8（图215）
9. 炮三平五　车1进1
10. 马六进五　马3进5
11. 炮五进四　士6进5
12. 车一平二　车8进9
13. 马一退二　车1平4
14. 车八进二?　车4进2!
15. 炮五退二　马7进6
16. 马二进一　车4进3
17. 车八平五　车4平1
18. 仕四进五　炮6进1!
19. 炮五进二　马6进4
20. 车五平四　炮6进3
21. 炮五平二　车1平5
22. 炮二平九　卒3进1
23. 炮九退二　卒3进1

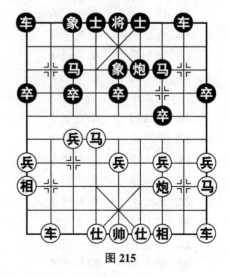

图 215

24. 相九进七　马4退3
25. 炮九退二　马3进1
26. 相七退五　马1进2
27. 炮九平八　卒9进1
28. 相五退七　炮6退6
29. 相三进五　车5平3
30. 相七进九　士5进6!
31. 车四进五　车3进1
32. 相九退七　车3平2
33. 车四退四　车2平5
34. 车四平八　车5平9
35. 车八平五　车9退1
36. 相七进五　炮6平7（图216）

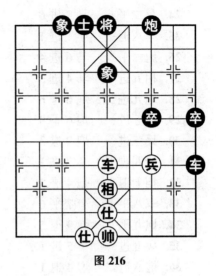

图 216

第 109 局　宗永生胜尚威

1. 兵七进一　马8进7
2. 马八进七　卒7进1
3. 相三进五　象7进5
4. 车九进一　马2进1
5. 车九平四　车1进1
6. 马二进三　士6进5
7. 炮二平一　车9平6
8. 车四进八　士5退6
9. 车一平二　炮8退2
10. 马七进六　炮8平7（图217）
11. 马三退五　车1平3
12. 马五进七　炮2平4
13. 炮八退一　卒1进1
14. 车二进六　卒3进1?
15. 兵七进一　车3进3
16. 炮八平七　车3平5
17. 相五退三!　马1进2
18. 炮一平五　车5平4
19. 炮五平六!　马2进4
20. 炮六进三　马4进3
21. 炮六退三　士6进5
22. 车二退二　马3退1
23. 相三进五　炮7平6

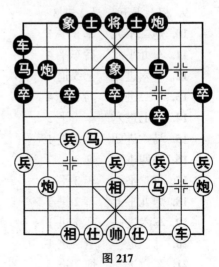

图 217

24. 车二平八　马7进6

25. 车八退一　卒1进1

26. 炮六平九　马6进4

27. 相五进七　马4进3

28. 炮九进二　炮6进6

29. 兵五进一　炮6平9

30. 兵三进一　炮9进3

31. 仕四进五　卒7进1

32. 相七退五　炮4进3

33. 车八平七　卒7平6

34. 炮九平八　炮9退5

35. 兵五进一　卒5进1

36. 炮八退二　炮4退1

37. 车七平九（图218）

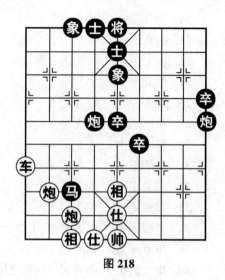

图 218

第 110 局　周德裕负黄松轩

1. 兵七进一　马8进7　　　**2.** 马八进七　炮8平9

3. 马二进三　车9平8　　　**4.** 车一平二　车8进4

5. 炮二进二　象3进5　　　**6.** 相七进五　卒3进1

7. 仕六进五　卒3进1　　　**8.** 相五进七　士4进5（图219）

9. 相七退五　马2进3

10. 炮二平九　车8平1

11. 车九平六　后车平4

12. 车六进九　士5退4

13. 车二进四　马3进4

14. 马七进六　车1平3

15. 马六进四　卒7进1

16. 马四进三　炮2平7

17. 车二平六　车3平2

18. 炮九平七？车2进3

19. 车六进一　卒7进1!

20. 马三退一　卒7进1

21. 车六进一　炮7进2

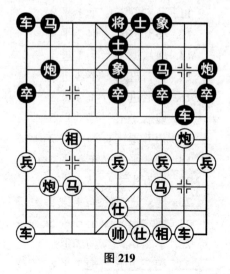

图 219

22. 车六平五　炮7平9！	**23.** 炮七平五　士4进5
24. 车五平九　车2退7	**25.** 相三进一　前炮进3
26. 炮五平一　前炮退2	
27. 兵一进一　车2进9	
28. 仕五退六　车2退2	
29. 相五进三　车2平8	
30. 马一退三　车8平7	
31. 相三退五　车7平5	
32. 仕四进五　车5退1	
33. 车九平一　象5进7	
34. 马三进四　卒7进1	
35. 马四退六　车5平4	
36. 马六进八　炮9平5	
37. 仕五进四　车4平5	
38. 帅五平四　卒7平6（图220）	

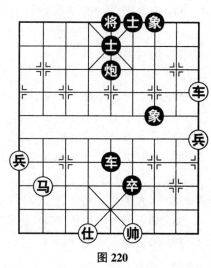

图 220

第111局　赵国荣负郑乃东

1. 兵七进一　马8进7	**2.** 马八进七　卒7进1
3. 相七进五　马2进1	**4.** 马二进一　象7进5
5. 车一进一　车1进1	**6.** 车一平六　车9进1
7. 兵九进一　卒9进1	
8. 炮八平九　车1平4（图221）	
9. 车九进一　炮2进4	
10. 炮九进四　卒3进1	
11. 兵七进一　象5进3	
12. 兵九进一　象3退5	
13. 兵九平八　车4进7	
14. 车九平六　车9平2	
15. 炮二平三　马7进6	
16. 兵八平七　炮8进4	
17. 仕六进五　象5进3	
18. 兵五进一　车2进2	
19. 车六进四　炮8退2	

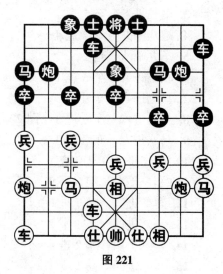

图 221

20. 炮九退六　象 3 退 5

22. 炮三平四　士 6 进 5

24. 炮九平六　炮 3 平 1

26. 马三进二　马 1 进 3

28. 炮六平七　马 3 进 4

29. 马七进六　马 6 进 4

30. 炮七进四　炮 1 平 4

31. 车九平七　卒 5 进 1

32. 马一退二　炮 4 平 1

33. 车七平九　马 4 退 3

34. 车九进三　马 3 进 1

35. 车九平二? 马 1 进 2!

36. 帅五平六? 炮 1 平 4!

37. 车二退一　马 2 进 4

38. 炮七平六　车 2 进 5

39. 帅六进一　马 4 进 2

40. 仕五进六　车 2 平 5（图 222）

21. 车六退二　炮 2 退 2

23. 马一退三　炮 2 平 3

25. 车六平九　车 2 进 1

27. 马二进一　炮 1 退 2

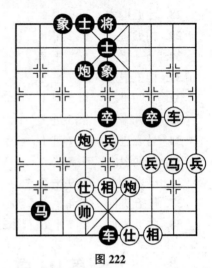

图 222

第 112 局　崔岩负冯明光

1. 兵七进一　马 8 进 7

3. 马二进三　卒 7 进 1

4. 炮八平九　炮 2 进 4

5. 车九平八　炮 2 平 7

6. 相三进五　卒 3 进 1

7. 兵七进一　车 9 平 3

8. 马七进八　车 3 进 3（图 223）

9. 马八进九　车 3 退 3

10. 炮二平一　马 2 进 1

11. 车一平二　炮 8 平 9

12. 车二进三　马 7 进 6

13. 车八进四　车 1 平 2

14. 车八平四　车 2 进 4

15. 车二进四　马 1 进 3

2. 马八进七　车 9 进 1

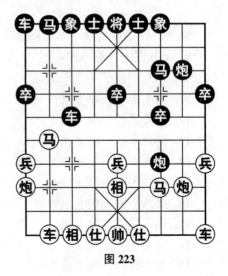

图 223

16. 炮一进四　马 3 进 4
17. 仕四进五　炮 7 平 1
18. 炮一退一　炮 1 退 1
19. 车四平六　马 6 进 4
20. 炮一平八　马 4 退 2
21. 车二退三　炮 1 平 4
22. 车二进二　炮 4 进 3
23. 车二平五　炮 9 平 5
24. 马三进四　马 2 进 4
25. 车五退二　马 4 进 2
26. 车五平八　马 2 进 3
27. 炮九平六　士 6 进 5
28. 车八进一　卒 7 进 1
29. 相五进三　车 3 进 4
30. 车八退一　车 3 退 2
31. 马九进八　车 3 进 3
32. 马四进三　马 3 退 2
33. 炮六平七　车 3 平 5
34. 马三进五　象 7 进 5
35. 炮七平五　炮 4 退 3
36. 炮五平四? 车 5 平 8
37. 炮四退一　炮 4 平 5!
38. 仕五退四　马 2 进 4
39. 帅五进一　车 8 平 5
40. 相三退五　车 5 平 2
41. 车八平五　马 4 退 5（图 224）

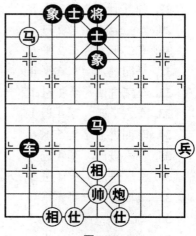

图 224

第 113 局　孙勇征胜于幼华

1. 兵七进一　马 8 进 7
2. 马八进七　卒 7 进 1
3. 车九进一　象 7 进 5
4. 相三进五　马 2 进 1
5. 兵三进一　卒 7 进 1
6. 车九平三　卒 7 进 1（图 225）
7. 车三进二　马 7 进 8
8. 车三退一　马 8 进 6?
9. 车三进二!　马 6 进 4
10. 炮八进四　马 4 进 3
11. 帅五进一　卒 5 进 1
12. 炮二退一　马 3 进 1

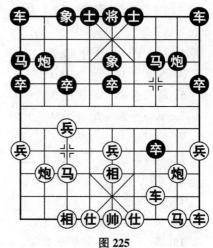

图 225

13. 兵五进一　　卒 5 进 1

14. 炮八退二　　士 6 进 5

15. 炮八平九　　前马退 2

16. 炮九平五　　车 1 平 2

17. 马二进四　　马 2 进 1

18. 马七进八　　炮 2 平 4

19. 炮五平六　　车 9 平 6

20. 马四进五　　车 6 进 6

21. 马五退七　　车 2 进 4

22. 炮六退三　　炮 4 平 2

23. 兵七进一！车 2 平 3

24. 车一平三　　车 3 平 2？

25. 马七进六　　炮 2 进 3

26. 马六退四　　炮 2 进 3

27. 帅五退一　　炮 2 平 8

28. 前车平二　　前马退 2

29. 车二退三　　马 2 进 4

30. 车二平六　　车 2 平 6

31. 马四进六　　车 6 平 4

32. 车三进四　　卒 1 进 1

33. 车六平四　　车 4 退 1

34. 车四进七　　士 5 退 6

35. 马六进四　　车 4 进 1

36. 车三进五　　士 4 进 5

37. 马四进三　　将 5 平 4

38. 车三平二　　车 4 进 5

39. 帅五进一　　将 4 进 1

40. 马三进四　　将 4 退 1

41. 车四平五　（图 226）

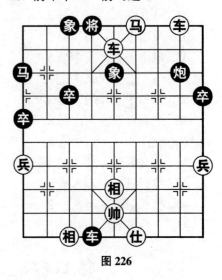

图 226

第 114 局　胡荣华负李国勋

1. 兵七进一　　马 8 进 7

2. 马八进七　　卒 7 进 1

3. 炮八平九　　炮 2 平 6

4. 车九平八　　马 2 进 3

5. 马二进一　　象 3 进 5

6. 车一进一　　士 4 进 5

7. 车一平四　　炮 8 平 9

8. 炮二进四　　车 9 平 8（图 227）

9. 炮二平七　　炮 9 进 4

10. 相七进五　　卒 9 进 1

11. 车四进三　　卒 5 进 1

12. 车八进六　　车 8 进 3

13. 炮七平三　　马 7 退 8

14. 仕六进五　　车 1 平 2

15. 车四进二　　马 8 进 9

16. 车八进三　　马 3 退 2

17. 炮九进四　　马 2 进 3

18. 炮九平八　　卒 5 进 1

19. 车四平六　　炮 9 平 5

20. 帅五平六　　马 9 进 7

21. 兵七进一	卒9进1	22. 兵七进一	马3退2
23. 炮八退二?	卒9进1	24. 相五进七	卒9进1
25. 炮八平五	炮5平4!	26. 相三进一	车8进4
27. 车六退三	马7进5	28. 马七进八	车8平5!
29. 车六进六	士5退4	30. 相七退五	士6进5
31. 兵九进一	马2进4	32. 兵七平八	炮6平8
33. 兵三进一	卒7进1	34. 相一进三	炮8进7
35. 帅六进一	马5退6	36. 马八进七	马6进7
37. 炮五平七	马4进5	38. 仕五进四	炮8退5
39. 仕四进五	马7进5	40. 兵九进一	炮8平4
41. 马七进六	前马进4!	42. 炮七平六	马4退3（图228）

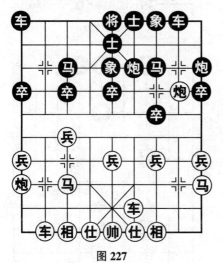

图 227

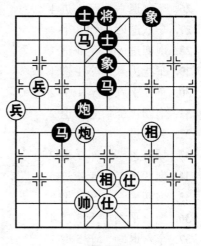

图 228

第 115 局　黎德志负赵力

1. 兵七进一	马8进7	2. 马八进七	卒7进1
3. 车九进一	象7进5	4. 相三进五	马2进1
5. 车九平三	炮8退2	6. 兵三进一	卒7进1
7. 车三进三	炮8平7	8. 车三平二	车9进1（图229）
9. 车一进一	车9平6	10. 车一平六	车1进1
11. 车六进六	炮2进2	12. 车六平八	卒1进1
13. 仕四进五	马7进6	14. 车二平四	马6退7

15. 车四平二　马7进6
16. 车二退一　车6平7
17. 炮八平九　车7进5
18. 车二进四　车1平6?
19. 兵九进一　炮7进2
20. 车八退一　卒1进1
21. 炮二平四!　车6平4
22. 车二进二　马6进4
23. 马七进六　车4进4
24. 炮九进五　炮2平5
25. 炮九平三　车7退4
26. 车二退六　卒1进1
27. 车八退四　炮5平4
28. 炮四进一　卒5进1
29. 车八进六　卒1进1
30. 车八平六　卒1平2
31. 炮四进二　炮4退2
32. 兵五进一　卒2平3
33. 兵五进一　车7进2
34. 炮四进二　士4进5
35. 炮四平一　车4平5
36. 炮一平六　士5进4
37. 车六退一　车5退1
38. 车六退一　车7平8
39. 车二进二　车5平8
40. 马二进三　后卒进1
41. 兵七进一　车8平3

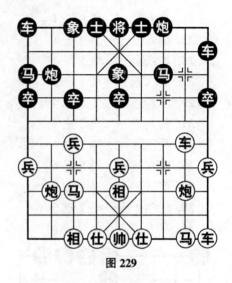

图 229

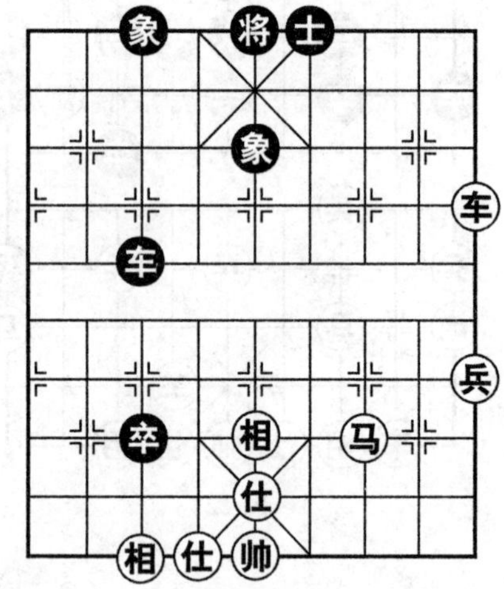

图 230

42. 车六平一!（图230）

第116局　聂铁文负徐超

1. 兵七进一　马8进7
2. 马八进七　卒7进1
3. 炮八平九　炮2平6
4. 车九平八　马2进3
5. 马二进一　象3进5
6. 车一进一　士4进5
7. 车一平四　炮8平9
8. 车四进五　马7进8（图231）

9. 车四平二　马 8 进 7

10. 炮二平三　马 7 进 9

11. 相三进一　卒 9 进 1

12. 马七进六?　卒 9 进 1

13. 马六进七　卒 9 进 1

14. 相一退三　卒 7 进 1

15. 车二平三　卒 9 平 8

16. 车三退二　炮 9 进 7!

17. 仕六进五　车 9 平 8

18. 兵九进一　卒 8 平 7

19. 炮三平四　车 8 进 8

20. 炮九退一　车 8 退 1

21. 炮九进一　车 8 进 1

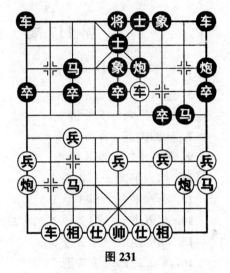

图 231

22. 车三平四　炮 6 平 7

23. 车四平三　炮 7 平 6

24. 车三平四　车 1 平 4

25. 炮九平六　炮 6 平 9

26. 马七进九　车 4 进 1

27. 车四平一　车 8 进 1

28. 相七进五　卒 7 进 1!

29. 炮四进六　士 5 退 4

30. 炮四退一　卒 7 进 1

31. 帅五平六　卒 7 平 6

32. 帅六进一　前炮平 7

33. 车八进七　炮 7 退 1

34. 车八平七　车 4 平 2

35. 马九进七　将 5 进 1

36. 炮六平七　车 2 进 7

37. 帅六进一　卒 6 平 5

38. 相五退七　车 2 退 1

39. 帅六平五　车 2 平 3

40. 帅五退一　车 3 进 1

41. 帅五退一　车 3 进 1

42. 帅五进一　车 8 退 1

43. 车一平三　将 5 平 6!（图 232）

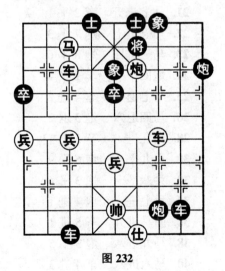

图 232

第 117 局　童本平负卜凤波

1. 兵七进一　马8进7		2. 马八进七　卒7进1	
3. 炮八平九　马2进3		4. 车九平八　车1平2	
5. 炮二平六　车9进1		6. 马二进三　炮2进2	
7. 仕四进五　车9平4		8. 兵七进一　卒3进1	
9. 车一平二　炮8进2		10. 车八进四　车4进5	
11. 炮六平四　车4平3		12. 相三进五　卒3进1	
13. 车八平七　车3退1			
14. 相五进七　炮2平3 （图233）			
15. 相七退五　车2进6			
16. 车二进四　象7进5			
17. 兵三进一　马3进4			
18. 兵三进一　炮3平7			
19. 炮九进四　马4进5			
20. 车二退一　车2退3			
21. 马七进五　车2平1			
22. 马五进七　炮7平3			
23. 马三进四　炮8平6			

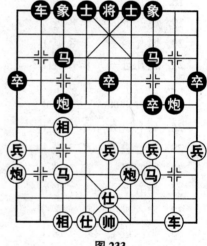

图 233

24. 炮四平一?　车1平4	
25. 马七退八　车4进2	
26. 马四退六　炮3退2	27. 兵九进一　士4进5
28. 兵九进一　卒5进1!	29. 兵九进一　卒5进1
30. 兵九平八　炮6平9	31. 炮一平二　炮9平5
32. 兵八平七　炮3平4	33. 马六退七　马7进6
34. 兵七进一　炮4进1	35. 马八进七?　炮5平3!
36. 前马进九　卒5进1	37. 马七进八　车4平2
38. 马九进八　炮3平5	39. 后马退六　车2平4
40. 马六进八　车4进3	41. 炮二退一　卒5进1!
42. 炮二平六　卒5进1	43. 帅五平四　炮4平6
44. 车二平四　马6进8 （图234）	

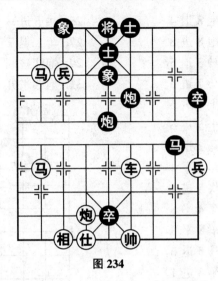

图 234

第 118 局 许银川胜尚威

1. 兵七进一　马8进7		2. 马八进七　卒7进1
3. 炮八平九　马2进3		4. 车九平八　车1平2
5. 炮二平六　炮2进2		6. 马二进三　车9进1
7. 仕四进五　车9平4		8. 兵七进一　卒3进1（图235）
9. 车一平二　炮8进2		10. 车八进四　车4进5

11. 炮六平四　车4平3
12. 相三进五　卒3进1
13. 车八平七　车3退1
14. 相五进七　象3进5
15. 车二进四　炮2平1
16. 相七退五　车2进3
17. 兵一进一　炮1进3
18. 相七进九　卒5进1
19. 马三进一　车2平6
20. 马七进六　卒5进1？
21. 兵五进一　马3进2
22. 马六退七　马2进3
23. 相九进七　车6进3

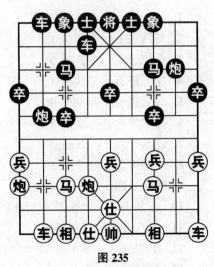

图 235

24. 兵一进一！ 炮8退4
25. 兵五进一 车6平7
26. 马一退二 炮8进8
27. 车二退三 卒9进1
28. 车二进五 马3退5
29. 炮四进四 车7平3
30. 车二平三 马7进5
31. 炮四平九 后马进3
32. 炮九进三 士4进5
33. 车三平八 士5进6
34. 车八退四 马3退4
35. 兵五平六 车3平4
36. 车八进七 将5进1
37. 车八退四 车4平8
38. 相五退三 车8平3
39. 炮九退五！ 马5退6
40. 兵六进一 车3进1
41. 炮九进二 车3退2
42. 炮九平四 马4退3
43. 炮四平五 将5平4
44. 车八进四 车3退3
45. 兵九进一 （图236）

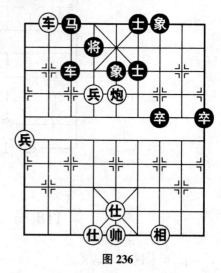

图 236

第119局　刘寿鹏负窦国柱

1. 兵七进一 马8进7
2. 马八进七 车9进1
3. 马二进三 象3进5
4. 相三进五 卒3进1
5. 兵七进一 车9平3
6. 马七进六 车3进3
7. 炮八平六 马2进3
8. 仕四进五 卒7进1
9. 车一平四 马3进4
10. 车九平八 炮2平4 （图237）
11. 车八进四 士4进5
12. 车四进八 卒1进1
13. 炮二平一 炮8进2

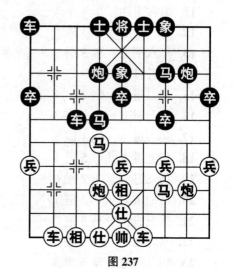

图 237

14. 兵三进一　卒7进1　　　15. 相五进三　车1进3

16. 相三退五　卒5进1　　　17. 马三进四　车1平8

18. 炮一平三　象7进9　　　19. 炮三进四? 卒5进1!

20. 马四进二　卒5平4!　　　21. 炮六进三　车8进1

22. 炮六进一　车3平2　　　23. 车八进一　车8平2

24. 炮三退二　车2进2　　　25. 车四退四　车2平5

26. 炮六平三　马7进5　　　27. 车四进一　马5进3

28. 相五进七　卒4平3　　　29. 前炮平二　车5平8

30. 炮二平六　马3进5　　　31. 炮六退五　炮4进4

32. 炮三平七　炮4平5　　　33. 仕五进四　马5进3

34. 炮六平四　炮5退1

35. 车四退二　马3进5

36. 仕六进五　马5进3

37. 帅五平六　车8进3

38. 炮四退一　车8退5

39. 炮七退二　车8平3

40. 车四平五　炮5平4

41. 炮七平五　炮4退4

42. 炮五进五　将5平4

43. 帅六进一　车3平4

44. 仕五进六　炮4平2

45. 仕四退五　炮2进7

46. 帅六退一　炮2平5!（图238）

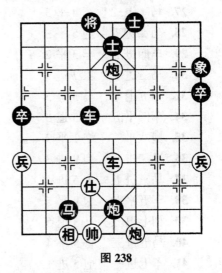

图238

第120局　郑一泓胜刘殿中

1. 兵七进一　马8进7　　　2. 马八进七　车9进1

3. 相七进五　卒7进1　　　4. 马二进四　象3进5

5. 车一进一　车9平4　　　6. 车九进一　马2进3

7. 兵一进一　士4进5　　　8. 车九平四　车1平4（图239）

9. 车四进五　卒5进1　　　10. 炮八进四　卒3进1

11. 兵七进一　马3进5　　　12. 兵七进一　马5进3

13. 相五进七　炮8进4　　　14. 仕四进五　卒5进1

15. 兵五进一　前车进5　　　16. 相三进五　前车平7

17. 兵五进一　车7进1

18. 车四退四　车7平6

19. 仕五进四　炮8退2

20. 仕四退五　炮8平5

21. 炮二平三　炮2平1

22. 炮八进一　马7进8

23. 车一平四　马8进9

24. 炮三退一　车4进7

25. 车四进四　炮5进2

26. 车四退二　马9进7

27. 马一退二!　车4平3

28. 马二进三　炮5平3

29. 车四进五　车3平2

30. 马三进二　象7进9

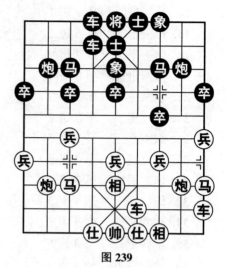

图 239

31. 车四退五　车2退1

33. 兵七平八!　车2退3

32. 相五退七　马3进5

34. 车四平五　马5退3

35. 炮八平一　炮1平9

36. 马二进三　炮9进3

37. 马三进五　士5进4

38. 车五平七　炮9平5

39. 相七退五　马3退5

40. 马五进三　将5平4

41. 车七进一　炮5进1

42. 炮三进二　车2平4

43. 车七进五　将4进1

44. 车七退一　将4退1

45. 炮三平二　马5退7

46. 炮二进五!（图240）

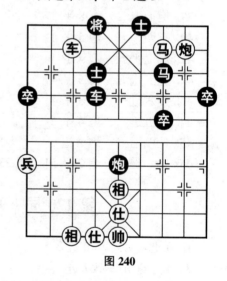

图 240

第 121 局　谢靖胜孙浩宇

1. 兵七进一　马8进7

2. 马八进七　车9进1

3. 相七进五　卒7进1

4. 马二进一　象3进5

5. 车一进一　车9平4

6. 仕六进五　马2进3

7. 车一平四　炮2平1

8. 车九平八　车1平2（图241）

9. 炮八进五　车4进3

10. 车四进七　卒3进1

11. 车四平三　马3退5

12. 车三平二　炮8平9

13. 兵七进一　车4平3

14. 兵一进一　马5退3

15. 炮八平三　车2进9

16. 马七退八　炮1平7

17. 车二退二　车3退1

18. 车二平一　炮7平8

19. 炮二平四　马3进4

20. 马一进二　马4进3

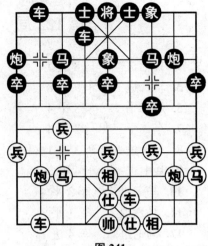

图 241

22. 马八进七　车4进3？

24. 马三进二！士4进5

26. 相七退五　马3进2

28. 炮四退一　车3平5

30. 车二进一　车5进1

32. 车二平七　车5平7

34. 马九进七　车7平4

36. 马七进九　马3进5

37. 马九进八　车4退3

38. 马八进七　车4进6

39. 仕五退六　马5进4

40. 帅五进一　马4退3

41. 兵九进一　卒5进1

42. 炮四平九　马3进1

43. 帅五退一　卒7进1

44. 马七退六　卒7平6

45. 仕四进五　马1进3

46. 炮九进四　马3退2

47. 兵九进一（图242）

21. 相五进七　车3平4

23. 马二进三　车4平3？

25. 车一进一　炮8进7

27. 马七退八！将5平4

29. 车一平二　炮8退8

31. 车二退四　车5退1

33. 马八进九　马2退3

35. 炮四进一　卒5进1

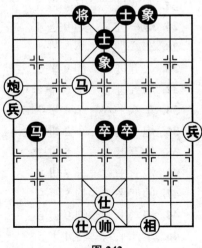

图 242

第 122 局　谢侠逊胜黄松轩

1. 兵七进一　马 8 进 7　　　　　2. 马八进七　炮 8 平 9

3. 马二进三　车 9 平 8　　　　　4. 车一平二　车 8 进 4

5. 炮二平一　车 8 平 4　　　　　6. 车二进六　象 3 进 5

7. 车二平三　马 2 进 4

8. 相七进五　卒 3 进 1（图 243）

9. 兵七进一　车 4 平 3

10. 马七进六　车 3 平 4

11. 马六退七　车 1 平 3

12. 马七进八　车 4 进 1

13. 炮八进五　马 4 进 2

14. 马八进九　车 3 进 3

15. 车九平八　马 7 退 5

16. 马九退八　车 3 平 4

17. 炮一进四！马 2 进 3

18. 仕六进五　后车平 2

19. 车三退二　车 4 平 7

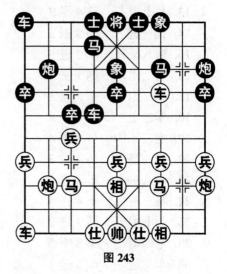

图 243

20. 兵三进一　卒 5 进 1　　　　21. 炮一退二　马 3 进 4

22. 仕五进六　马 5 进 3　　　　23. 马八退七　车 2 平 6

24. 车八进三　马 4 退 3　　　　25. 车八进一　车 6 进 3

26. 炮一进二　炮 9 进 4　　　　27. 仕六退五　炮 9 退 1

28. 车八进二　卒 5 进 1　　　　29. 车八平七　后马进 5

30. 兵五进一　炮 9 平 5　　　　31. 马七进五　车 6 退 5

32. 马五进七　车 6 平 2　　　　33. 车七平八　车 2 平 4

34. 车八平六　车 4 平 2　　　　35. 马三进五　士 4 进 5

36. 炮一退一　车 2 进 5　　　　37. 兵三进一！车 2 平 5

38. 仕五退六　马 5 进 7？　　　39. 炮一平七　车 2 退 5

40. 炮七平六　马 7 进 8　　　　41. 仕四进五　车 2 平 3

42. 帅五平四　炮 5 平 9　　　　43. 车六平四　炮 9 进 1

44. 炮六平五　炮 9 退 6　　　　45. 车四平九　将 5 平 4

46. 车九平六　将 4 平 5　　　　47. 马五进六　车 3 退 2

48. 车六平一！（图 244）

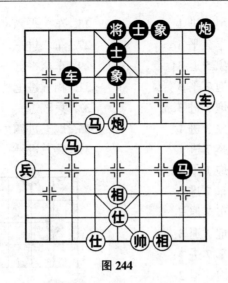

图 244

第 123 局　赵汝权负胡荣华

1. 兵七进一　马8进7
2. 马八进七　象3进5
3. 马二进三　卒7进1
4. 车一进一　车9进1
5. 车一平四　车9平3
6. 马七进八　炮2平4
7. 炮八平七　卒3进1
8. 车四进三　马2进4（图245）
9. 炮二退一　车1平2
10. 兵七进一　车3进3
11. 炮二平八　车2平1
12. 相七进五　马7进6
13. 炮八平七　车3平2
14. 车四平七　马6退4
15. 车七平二　士4进5
16. 仕六进五　车1平2
17. 车九平八　炮8平7
18. 车八进二　卒1进1
19. 后炮平八　炮4平1
20. 炮七平六　后马进3
21. 车八平七　马3进2
22. 车七退二　炮1平4
23. 炮八进四　车2进4

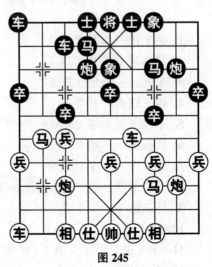

图 245

24. 车七平八　卒 1 进 1
25. 车二平六　马 4 退 2
26. 兵五进一？车 2 平 6
27. 车八进三　后马进 3
28. 车六平七　象 5 退 3!
29. 车八平五　车 6 平 4
30. 车七退四　炮 7 平 3
31. 相五进七　车 4 进 1
32. 炮六平五　炮 3 进 3
33. 兵五进一　炮 3 进 2!
34. 车五平七　象 3 进 1
35. 炮五进四　马 3 退 5
36. 兵五进一　卒 7 进 1
37. 兵三进一　车 4 平 7
38. 马三进五　炮 1 平 5
39. 前车平五　车 7 进 4
40. 仕五进四　车 7 退 7
41. 车七平八　炮 3 退 3
42. 车八进三　车 7 进 1
43. 车五进二　炮 3 退 2
44. 兵五进一　象 7 进 5
45. 车五进二　车 7 平 3
46. 仕四进五　象 1 退 3
47. 车五退四　炮 3 平 5!
48. 帅五平四　车 3 进 6
49. 帅四进一　炮 5 平 2!（图 246）

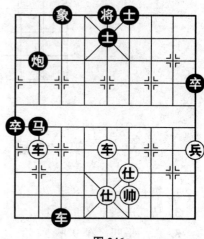

图 246

第 124 局　程鸣胜黎德志

1. 兵七进一　马 8 进 7
2. 马八进七　卒 7 进 1
3. 车九进一　象 7 进 5
4. 相三进五　马 2 进 1
5. 车九平三　炮 8 退 2
6. 兵三进一　炮 8 平 7
7. 兵三进一　车 9 平 8
8. 炮二平四　炮 7 进 4（图 247）
9. 马二进一　车 1 进 1
10. 仕四进五　车 1 平 6
11. 车三进三　卒 1 进 1
12. 兵一进一　炮 2 平 3

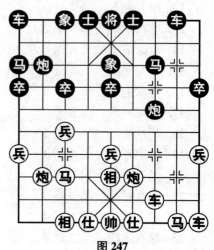

图 247

13. 马一进二 车6平2	14. 炮八平九 车2进3
15. 车一平四 士6进5	16. 炮四平二 炮7平8
17. 炮二平三 马7进6	18. 车三平四 马6退7
19. 马七进六 车2平4	20. 炮九平六 车4平5
21. 前车平三 炮8平7？	22. 马六退四！车5平6
23. 马四进三 象5进7	24. 马二进三 车6进5
25. 仕五退四 车8进3	26. 车三进一 马7退8
27. 炮六进六 士5进4	28. 马三进二！马8进6
29. 车三进四 将5进1	30. 车三退一 车8平6
31. 炮六平八 马1进2	32. 仕四进五 马2进4
33. 炮三平四 车6退1	34. 炮四进六 车6平7
35. 炮四退四 车7退1	36. 炮八平三 马4退6
37. 马二退一 象3进5	
38. 炮三退六 卒3进1	
39. 炮三平四 马6退8	
40. 兵七进一 象5进3	
41. 兵一进一 马8进9	
42. 前炮平二 马9进8	
43. 马一退三 卒5进1	
44. 马三进五 炮3进1	
45. 马五退七 马8退7	
46. 炮四进二 马7退6	
47. 炮四进一 将5退1	
48. 炮二平七 炮3平2	
49. 炮七平四！（图248）	

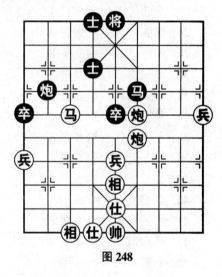

图 248

第 125 局　柳大华胜吕钦

1. 兵七进一 马8进7	2. 马八进七 卒7进1
3. 相三进五 车9进1	4. 马二进四 马7进6
5. 车九进一 炮2平6	6. 炮八进三 炮8进2
7. 兵三进一 炮8平9	8. 车一平三 卒7进1（图249）
9. 兵七进一！马6退8	10. 炮八进一 马2进3
11. 兵七进一 炮9平7	12. 车三平二 车1平2

13. 炮二平四　马8退7
14. 炮八退二　马3退5
15. 车二进七　炮7退2
16. 车二退二　炮7进1
17. 炮八进二　马5进3
18. 兵七进一　车2进3
19. 车九平六　士6进5
20. 兵七进一　马7进5
21. 兵七进一　车2平3
22. 马七进六　车3平4
23. 马四进二　卒7进1
24. 马二进三　炮6平7
25. 炮四进四！卒5进1
26. 炮四平五　后炮进3

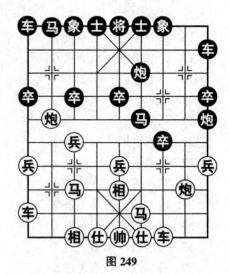

图 249

28. 车三进一　炮7平8
30. 车三退二　车6进5
32. 车三退六　车6进5
34. 车三平四　将5平6
36. 车四平三　炮8平6
38. 车三退五　炮6进2
39. 兵七平六　将5平4
40. 炮五进二　卒5进1
41. 车三平五　马5进6
42. 马六退七　车4进4
43. 炮五平四　炮6平9
44. 车五平四　马6退5
45. 车四平七　炮9进4
46. 炮四退六　炮9进3
47. 仕四进五　车4退4
48. 车七平一　炮9平8
49. 车一平二　炮8平9
50. 马七进六　车4平7
51. 相五进三！（图250）

27. 车二平三　车9平6
29. 车三进三　车6退1
31. 车三进二　车6退5
33. 车三进六　车6退5
35. 车六平四　将6平5
37. 车三进八　炮6退5

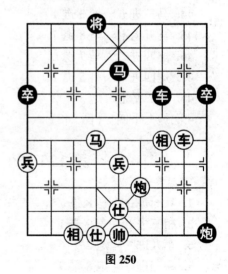

图 250

第 126 局　赵国荣胜言穆江

1. 兵七进一	马8进7		2. 马八进七	卒7进1
3. 相三进五	象3进5		4. 马二进四	马2进4
5. 车一平三	车1平3		6. 兵三进一	卒7进1
7. 车三进四	卒3进1			
8. 马四进六	马7进6 (图251)			

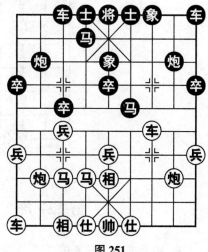

图 251

9. 车三平四　炮2进2
10. 兵七进一　车3进4
11. 马六进五　炮8平6
12. 马五进七　炮6进3
13. 前马进八　车9进1
14. 车九进一　炮6进2
15. 车九平四　炮6平3
16. 炮二平七　马4进2
17. 炮八进五　马6进5
18. 炮八进二　象5退3
19. 车四平六　车9平2?

20. 车六进八！	将5进1		21. 车六平五	将5平4
22. 炮八退四	马5进3		23. 炮八平四	马3退4
24. 炮四退三	车2进5		25. 车五平七	车2平9
26. 车七退五	车9平4		27. 兵九进一	象7进5
28. 仕四进五	卒9进1		29. 车七进四	将4退1
30. 车七平九	马4进6		31. 车九进一	将4进1
32. 车九退一	将4退1		33. 车九退二	卒5进1
34. 车九进三	将4进1		35. 兵九进一	马6退7
36. 车九平四	将4平5		37. 兵九进一	车4平6
38. 车四平一	马7进8		39. 兵九平八	象5进7
40. 兵八平七	马8进7		41. 帅五平四	车6平9
42. 车一退一	将5退1		43. 相五退三	卒5进1
44. 车一平三	马7退8		45. 兵七进一	车9进3
46. 炮四平五	卒5平6		47. 兵七平六	马8进9
48. 仕五进四	车9平7		49. 帅四进一	卒6进1

50. 车三平四　马9退7　　　　**51.** 炮五平三　车7退2

52. 车四退五！（图252）

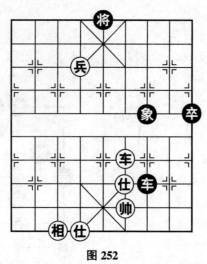

图 252

第 127 局　郑一泓胜于幼华

1. 兵七进一　马8进7　　　　**2.** 马八进七　卒7进1

3. 相三进五　象7进5　　　　**4.** 马二进四　马2进1

5. 车一平三　车1进1　　　　**6.** 兵三进一　车1平6

7. 车九进一　卒7进1

8. 车三进四　士6进5（图253）

9. 马七进六　炮2平4

10. 车三平二　炮8平9

11. 炮二平四　车9平8

12. 车二进五　马7退8

13. 马四进二　马8进7

14. 马二进三　炮9退2

15. 车九平二　炮9平7

16. 马三进二　车6进4?

17. 马六进四！炮7平6

18. 马二进三　炮6进1

19. 马四进三　炮4平7

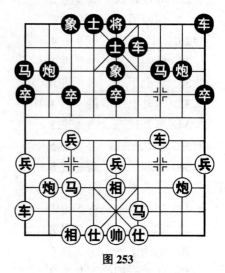

图 253

20. 仕四进五　士5退6
21. 炮四退二　炮7进4
22. 车二进二　炮7平1
23. 兵五进一　炮1退1
24. 仕五进四！炮1平5
25. 车二平五　车6平7
26. 马三退四　车7平8
27. 车五进一　车8平5
28. 马四退五　炮6平9
29. 马五进四　炮9进5
30. 马四进三　将5进1
31. 炮八进四　卒3进1
32. 炮八平一　将5平4
33. 兵七进一　象5进3
34. 炮四进九　士4进5
35. 炮四退四　象3退5
36. 仕四退五　炮9平5
37. 炮一平九　卒5进1
38. 炮四平一　马1进3
39. 炮一进三　将4退1
40. 炮一平五　将4进1
41. 炮五进一　将4平5
42. 帅五平四　炮5平4
43. 炮五平一　将5平4
44. 炮一退一　将4退1
45. 炮九退五　卒5进1
46. 炮九平六　炮4平6
47. 仕五进六　卒5平4
48. 马三退二　炮6退1
49. 帅四平五　将4平5
50. 炮一退二　马3进5
51. 炮六进三　马5进6
52. 炮六平五　将5平4
53. 炮五退一！(图254)

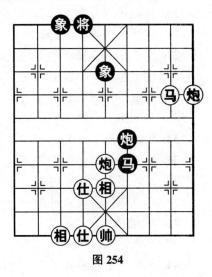

图 254

第128局　张学潮胜李晓辉

1. 兵七进一　马8进7
2. 马八进七　卒7进1
3. 马七进六　车9进1
4. 炮二平六　车9平6
5. 相三进五　卒3进1
6. 兵七进一　车6进4
7. 马六退七　车6退1
8. 兵七进一　车6平3 (图255)
9. 马七进六　车3进2
10. 马二进四　车3平4
11. 炮八平七　象3进5
12. 车九平八　车4退1
13. 车八进七　马7进6
14. 车八进一　车4退4

15. 车八退三　马6进7
16. 马四进三　车4进6
17. 炮七进二　马2进4
18. 车一平二　炮8平6
19. 车二进六　车4退1
20. 马三进四　士4进5
21. 仕六进五　车1平4
22. 兵七平六!　马4进2
23. 兵六平五　前车平1
24. 前兵进一　象7进5
25. 马四进五　车4进2
26. 马五退四　车1退2
27. 车八平九　马2进1
28. 炮七平五　将5平4

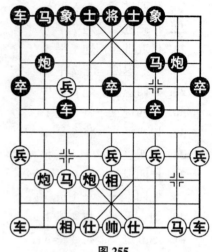

图 255

29. 车二平八　车4进4
31. 炮二退一　车4退2
33. 炮二进三　车4进2
35. 马三退四　将5平4
37. 炮二退五　士6进5
39. 马四进六　车4平5
41. 车九退一　将4退1

30. 炮五平二　炮6平8
32. 马四进三　将4平5
34. 炮二平五　士5进6
36. 炮五平二　马1进2
38. 车八平九　炮8进2
40. 车九进三　将4进1
42. 车九进一　将4进1
43. 马六进八　将4进1
44. 车九平七!　将4平5
45. 车七平二　炮8进2
46. 仕五进四　马2进4
47. 帅五平六　车5平4
48. 仕四进五　马4进3
49. 帅六平五　马3退2
50. 车二退三　车4平5
51. 马八进九　车5平3
52. 车二平五　将5平4
53. 车五平六　将4平5
54. 马九退七!（图256）

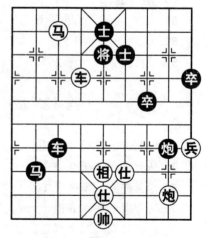

图 256

第 129 局　姜林坤负孙志伟

1. 兵七进一　马 8 进 7　　　2. 马八进七　卒 7 进 1
3. 马二进一　炮 2 平 5　　　4. 相七进五　马 2 进 3
5. 车九平八　马 7 进 6　　　6. 炮二平四　车 9 平 8
7. 车一平二　炮 8 进 5
8. 炮四进二　车 1 进 1（图 257）
9. 炮八进五　车 1 平 8
10. 炮八平五　象 7 进 5
11. 马七进八　炮 8 退 1
12. 马八退七　炮 8 进 1
13. 马七进八　炮 8 退 1
14. 马八退七　卒 9 进 1
15. 车八进七　马 3 退 5
16. 车二进二　马 5 进 7
17. 仕六进五　前车平 4
18. 炮四退三　士 6 进 5
19. 车二平四　马 6 进 4
20. 马七进六　车 4 进 4

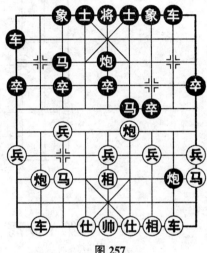

图 257

21. 车八退四　卒 5 进 1
22. 炮四平二？炮 8 平 5！
23. 车八平五　卒 5 进 1
24. 车五平四　车 8 进 8
25. 前车进三　车 8 退 2
26. 前车平七　车 8 平 9
27. 车七平三　马 7 退 6
28. 兵三进一　卒 5 平 6
29. 兵三进一　车 9 平 1
30. 仕五退六　卒 6 进 1
31. 车四平三　卒 9 进 1
32. 前车平一　象 5 进 7
33. 仕四进五　象 3 进 5
34. 车三平二　卒 1 进 1
35. 车二进一　车 4 平 6
36. 车一平六　车 1 平 5
37. 车六平九　车 5 平 1
38. 车九平六　车 1 平 5
39. 车六平九　车 5 退 2
40. 马一退三　卒 6 平 5
41. 车二平三　马 6 进 7
42. 车九平二　马 7 进 6
43. 车三进一　车 6 平 7
44. 相五进三　车 5 进 1！
45. 相三进五　马 6 进 4
46. 车二平九　车 5 退 1
47. 车九平六　车 5 进 1
48. 车六平九　车 5 退 1
49. 车九平六　马 4 进 6

50. 马三进四　卒5平6　　51. 车六退三　车5进2

52. 车六平五　卒6平5　　53. 相五退七　卒1进1

54. 相七进九　卒1平2　　55. 帅五平四　卒9平8（图258）

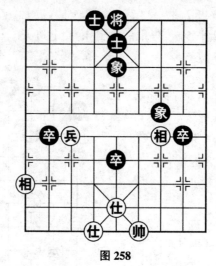

图 258

第130局　潘振波胜洪智

1. 兵七进一　马8进7　　2. 马八进七　卒7进1

3. 车九进一　象7进5　　4. 相三进五　马2进1

5. 马二进三　卒1进1

6. 车九平四　炮2平4

7. 马七进八　车1进1

8. 炮二进四　士6进5（图259）

9. 仕四进五　卒9进1

10. 车四进三　车9进3

11. 炮二退五　车9平8

12. 炮二平八　车8进1

13. 兵三进一　车1平4

14. 车一平四　炮4进6

15. 炮一退一　卒7进1

16. 前车平三　马7进6

17. 车三进二　炮8平6

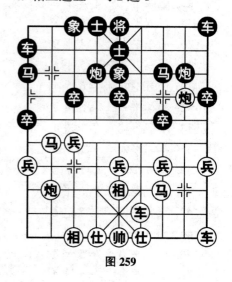

图 259

18. 车四平二　车8进5
19. 马三退二　车4进5
20. 马二进三　车4平2
21. 炮八平六　车2退1
22. 炮一进五！马6进4
23. 马三进四　车2退1?
24. 马四进六　车2平4
25. 炮六进三　炮4退4
26. 兵五进一　卒3进1?
27. 兵七进一！炮4平7
28. 炮一进四　将5平6
29. 车三进三　将6进1
30. 炮一退三　炮7平6
31. 炮一平四　后炮平9
32. 车三退四　炮6进4
33. 车三进二　炮6平9
34. 兵七平六　将6退1
35. 车三退四　马4退2
36. 兵一进一　将6平5
37. 炮四平二　后炮平6
38. 兵一进一　炮9退3
39. 炮二进三　士5进4
40. 车三进六　将5进1
41. 车三退五　炮9进1
42. 车三退一　炮9平1
43. 兵一进一　炮1平3
44. 兵一平二　炮3退5
45. 兵二平三　象5进7
46. 兵三平四　炮6平5
47. 炮二平七　炮5进3
48. 兵四平五　象7退5
49. 兵五进一！将5进1
50. 车三平五　炮3平5
51. 帅五平四　卒1进1
52. 车五平四　后炮退1
53. 炮七退四　马2退3
54. 兵六进一　士4退5
55. 车四进二　前炮退2
56. 炮七平五　前炮平9
57. 炮五退一！（图260）

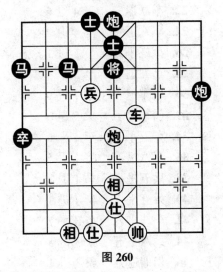

图260

第131局　胡荣华胜汪士龙

1. 兵七进一　马8进7
2. 马八进七　象3进5
3. 相三进五　马2进4
4. 马七进六　车9进1
5. 炮八平六　车1平3
6. 车九平八　卒7进1（图261）
7. 马二进三　炮8进3
8. 炮二退一　卒7进1?

9. 兵三进一　炮8平4

10. 炮六进六　车9平4

11. 车八进七　车4进3

12. 仕四进五　卒3进1

13. 炮二平三　炮4进3

14. 炮三平六　车4进4

15. 兵三进一!　卒3进1

16. 兵三进一　马7退5

17. 车一平四　马5进3

18. 马三进二　士4进5

19. 马二进四　卒3进1

20. 马四进二　卒3进1

21. 车四进四　卒3进1

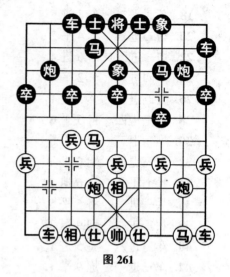

图 261

22. 车八退三　车4退6

23. 车四平六　马3进4

24. 车八退一　马4退2

25. 车六平五　车3进3

26. 兵三平四　卒5进1

27. 车五平八　车4进1

28. 马二退三　卒3平4

29. 相七进九　将5平4

30. 后车退三　象7进9

31. 前车进一　马2退1

32. 前车平五　象5退3

33. 相九进七　象9进7?

34. 车五平三!　车4平6

35. 车三平六　车6平4

36. 车八进五　将4平5

37. 兵五进一　象3进5

38. 兵五进一　马1退3

39. 车八退四　车4进1

40. 兵五平六　卒4进1

41. 仕五退六　马3进4

42. 车八平六　车3平7

43. 车六进三　象5退7

44. 兵六平五　象3进5

45. 仕六进五　象5退3

46. 相七退九　象3进1

47. 相九退七　象1退3

48. 兵五平四　车7平3

49. 兵一进一　象3进5

50. 马三进四!　车3平5

51. 马四进三　将5平4

52. 兵四进一　车5进1

53. 车六进二　卒1进1

54. 兵四进一　象5退3

55. 帅五平六　车5平6

56. 兵四平五!　车6平7

57. 兵五平六（图262）

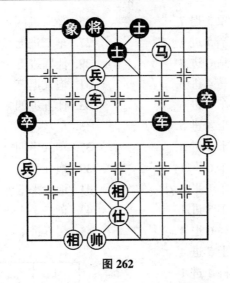

图 262

第 132 局　金波负董旭斌

1. 兵七进一　马8进7	2. 马八进七　卒7进1
3. 车九进一　象3进5	4. 相三进五　马2进4
5. 马二进四　车1平3	6. 炮二平一　卒3进1
7. 车一平二　炮8进2	8. 车九平六　车9进1（图263）
9. 马四进六　马4进3	10. 炮八平九　马3进5
11. 兵七进一　马5进4	
12. 车六平八　马4退3	
13. 马六进五　马3进5	
14. 兵五进一　炮2退1	
15. 炮九进四　炮2平8	
16. 车二平三　卒5进1	
17. 车八进五？卒5进1	
18. 兵三进一　卒7进1	
19. 车三进四　车9进1	
20. 马七进八　前炮进5	
21. 车三退四　车9平8	
22. 马八进六　后炮平7	
23. 炮一平三　马7进6	

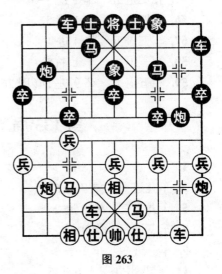

图 263

24. 炮三进七　象5退7　　　25. 马六进四　车8平6

26. 车三平二　卒5进1　　　27. 车二进七　炮7进1

28. 炮九进一　马6进4!　　　29. 仕四进五　卒5进1

30. 相七进五　马4进6　　　31. 炮九退三　马6进7

32. 帅五平四　车3进6　　　33. 仕五进四　车3平6

34. 炮九进五　士4进5　　　35. 车八进三　士5退4

36. 车八退六　士4进5　　　37. 车八平四　马7退6

38. 仕六进五　车6平1　　　39. 炮九平七　炮7平6

40. 炮七退五　车1平5　　　41. 炮七平五?　将5平4!

42. 车二退二　车5进1　　　43. 车二平六　炮6平4

44. 车六平四　马6退4　　　45. 相五进七　车5进2

46. 马四进六　士5进4

47. 车四进四　将4进1

48. 车四平三　车5进1

49. 车三退一　将4退1

50. 车三退四　马4进3

51. 兵九进一　车5平9

52. 相七退五　卒9进1

53. 兵九进一　车9平5

54. 相五退三　车5平1

55. 相三进五　车1进3

56. 帅四进一　车1退5

57. 车三进五　将4进1

58. 车三退六　车1平5

59. 相五退七　卒9进1（图264）

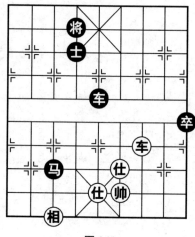

图264

第133局　尚威胜聂铁文

1. 兵七进一　马8进7　　　2. 马八进七　卒7进1

3. 车九进一　象7进5　　　4. 相三进五　马2进1

5. 车九平三　炮8退2　　　6. 兵三进一　卒7进1

7. 车三进三　炮8平7　　　8. 车三平二　车1进1（图265）

9. 车一进一　车1平4　　　10. 兵九进一　车4进3

11. 炮八平九　士6进5　　　12. 车一平四　炮2平4

13. 车四进五　卒 1 进 1

14. 炮九进三　马 1 退 3

15. 炮九进一　卒 3 进 1

16. 马二进四　卒 3 进 1

17. 车二平七　马 3 进 1

18. 车七平二　车 4 平 3

19. 马七进九　马 1 退 2

20. 车二平七　车 9 平 8

21. 车七进一　象 5 进 3

22. 炮二平一　车 8 进 4

23. 马九进七　马 2 进 3

24. 炮九平七　象 3 进 5

25. 马四进六　车 8 平 6?

26. 车四退一　马 7 进 6

28. 马五进四　士 5 进 6

30. 炮一进四　炮 4 平 1

32. 炮一进三　炮 7 进 1

34. 马五退七　炮 1 平 2

36. 马四进二　马 5 进 4

38. 马二进三　士 5 退 6

40. 马七退八　炮 2 进 2

42. 兵一进一　炮 2 平 1

44. 马六进五　马 2 进 3

46. 炮八平一　炮 9 退 3

48. 兵一平二　马 6 进 7

50. 帅四进一　马 8 退 7

52. 帅四进一　炮 7 平 6

54. 马一进三!　炮 6 退 1

56. 马五进七　将 4 进 1

58. 兵三平四　马 6 退 5

60. 炮一平九! (图266)

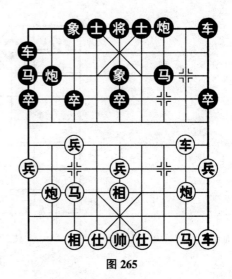

图 265

27. 马六进五　炮 4 进 3

29. 兵五进一　士 4 进 5

31. 兵五进一　卒 5 进 1

33. 马七进五　炮 1 退 1

35. 炮七平八　马 3 进 5

37. 仕四进五　马 6 退 4

39. 马三退一　士 6 进 5

41. 马八进六　后马进 6

43. 兵一进一　马 4 进 2

45. 帅五平四　炮 1 平 9

47. 兵一进一　将 5 平 4

49. 兵二平三　马 7 进 8

51. 帅四退一　马 7 进 8

53. 仕五进四　马 8 退 6?

55. 马三退二　将 4 进 1

57. 马二退四　炮 6 进 3

59. 马七进八　将 4 退 1

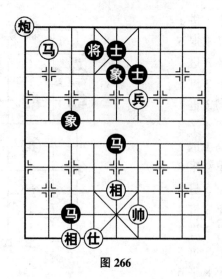

图 266

第 134 局　吕钦胜于幼华

1. 兵七进一　马8进7	2. 马八进七　卒7进1
3. 马七进六　马2进3	4. 炮二平六　车9平8
5. 马二进三　炮2平1	6. 相三进五　车1平2
7. 炮八平七　卒1进1	8. 马六进七　车2进6（图267）
9. 车一平二　车2平3	10. 车九进二　炮8进4
11. 仕四进五　卒1进1	
12. 车九平八　炮1进4	
13. 炮六退一　马7进6	
14. 炮六平七　车3平4	
15. 马七退九　炮1退2	
16. 前炮进五　卒1平2	
17. 车八进二　炮1进5	
18. 车八退四　炮1退3	
19. 车八进五　马6进5	
20. 马三进五　炮1平5	
21. 车八平三　象7进5	
22. 车三平四　炮5退1	
23. 兵三进一　士6进5	

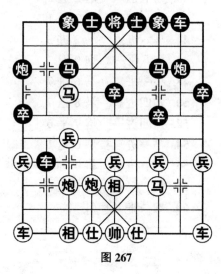

图 267

24. 后炮平九　车 4 平 7
25. 车四退一　炮 5 退 1
26. 兵三进一　车 7 退 2
27. 车四退一　车 7 平 8
28. 炮七退一　炮 8 平 7
29. 车二平三　炮 7 退 6
30. 炮九进五　前车进 5
31. 车四退三　前车退 4
32. 炮九平五　前车平 3
33. 炮七平一　车 3 平 8
34. 车三进六　炮 7 平 6
35. 炮一退二　炮 5 进 2
36. 炮一进一　前车退 1
37. 兵一进一　前车进 1
38. 炮一平九　前车平 9
39. 车三退三　炮 5 退 2
40. 车三平五　炮 5 进 1
41. 炮九进一　车 8 进 4
42. 炮九进三　车 8 退 1
43. 炮五退一　车 8 平 5
44. 炮五平二　车 9 平 8
45. 炮二平一　车 5 平 9
46. 炮一平五　车 9 进 1
47. 炮五进一　车 9 平 1
48. 炮九平八　车 1 平 2
49. 炮八平九　车 2 退 4
50. 炮九退五　车 2 进 5
51. 炮九进五　车 8 退 2
52. 炮五退一　车 8 平 1
53. 车四进八!　车 1 退 3?
54. 炮五平一　炮 5 平 7
55. 车五平三　炮 6 平 7
56. 车三平二　士 5 退 6
57. 炮一进四　士 4 进 5
58. 车二进五　车 1 进 1
59. 车二平三!　后炮平 8
60. 车三进一（图 268）

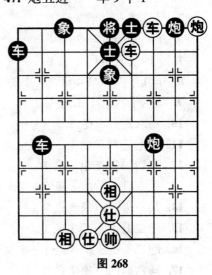

图 268

· 143 ·

第三章　还中炮

第 135 局　蔡福如胜胡荣华

1. 兵七进一　马 8 进 7　　2. 炮八平五　象 3 进 5

3. 马二进三　卒 7 进 1　　4. 车一进一　车 9 进 1

5. 车一平四　马 2 进 4　　6. 车九进二　士 4 进 5

7. 车四进五　炮 2 平 3

8. 车九平六　马 4 进 2（图 269）

9. 车六平八　车 1 进 2

10. 马八进七　炮 3 平 4

11. 马七进六　炮 4 进 1

12. 车四退二　炮 4 进 1

13. 兵三进一　炮 8 进 2

14. 兵三进一　象 5 进 7

15. 炮二退一　卒 3 进 1

16. 炮二平三　卒 3 进 1

17. 马六退四　象 7 进 5

18. 车四平七　马 7 进 6

19. 炮五进四！车 9 平 6

20. 马四进三　车 6 进 2

22. 车八进七　炮 4 退 4

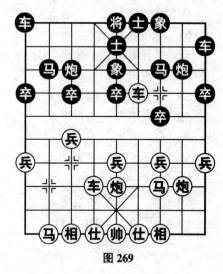

图 269

21. 炮五退一　马 2 进 1？

23. 车七平六（图 270）

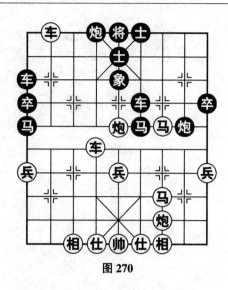

图 270

第 136 局　陶汉明胜刘殿中

1. 兵七进一　马 8 进 7
2. 马八进七　车 9 进 1
3. 炮二平五　卒 3 进 1
4. 兵七进一　车 9 平 3
5. 马七进六　车 3 进 3
6. 马六进五　马 7 进 5
7. 炮五进四　马 2 进 3
8. 炮五退二　马 3 进 4
9. 炮八平五　马 4 进 3
10. 马二进三　炮 8 平 3 （图 271）
11. 前炮平九　马 3 进 5
12. 相三进五　车 1 平 2
13. 炮九平八　炮 2 平 1
14. 炮八平五！车 2 进 6
15. 仕四进五　车 2 进 1？
16. 车一平四　炮 3 进 7
17. 相五退七　车 2 平 7
18. 车九平八　炮 1 平 3
19. 相七进五　车 7 退 1
20. 车八进六　炮 3 进 1
21. 车八退三！炮 3 退 2
22. 车四进八　车 7 平 9
23. 车八平六　（图 272）

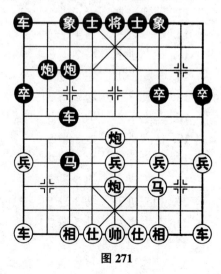

图 271

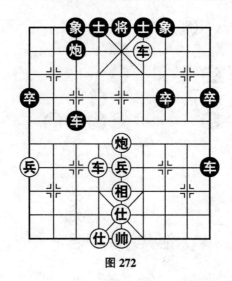

图 272

第 137 局　肖革联负陈孝坤

1. 兵七进一　马 8 进 7	2. 马八进七　车 9 进 1
3. 炮二平五　卒 3 进 1	4. 兵七进一　车 9 平 3
5. 马七进六　车 3 进 3	6. 马六进五　马 7 进 5
7. 炮五进四　马 2 进 3	8. 炮五退二　马 3 进 4
9. 炮八平五　马 4 进 3	10. 车九平八　马 3 进 4（图 273）

11. 前炮平九　士 6 进 5

12. 车一进一　马 4 进 2

13. 炮九进五　马 2 退 3

14. 车一平七　炮 2 进 4

15. 马二进三？炮 2 平 3！

16. 车七平六　炮 3 进 3

17. 仕六进五　炮 8 平 5

18. 车六平七　炮 3 平 2

19. 兵三进一　炮 5 进 5

20. 相三进五　马 3 进 5！

21. 车七平八　马 5 退 7

22. 车八退一　车 3 平 6

23. 仕四进五　车 6 平 8

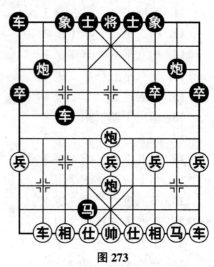

图 273

24. 相五退三　车 8 进 5（图 274）

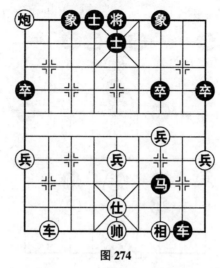

图 274

第 138 局　李家华胜张惠民

1. 兵七进一　马 8 进 7	**2.** 马八进七　卒 7 进 1
3. 炮八平九　炮 2 平 6	**4.** 炮二平五　马 2 进 3
5. 马二进三　车 9 平 8	**6.** 车九平八　士 4 进 5
7. 马七进六　炮 8 平 9	**8.** 相三进一　象 3 进 5
9. 仕四进五　车 8 进 5	

10. 马六进五　马 3 进 5（图 275）

11. 炮五进四　炮 6 进 4

12. 炮五平九　炮 6 平 9

13. 车一平四　前炮平 8

14. 前炮退二　车 8 平 3？

15. 前炮进三　炮 9 进 5

16. 前炮平七！炮 9 平 1

17. 炮七退三　炮 1 平 3

18. 车四进六　炮 3 退 1

19. 兵三进一　卒 7 进 1

20. 车四平三　炮 8 平 7

21. 车三退二　马 7 进 6

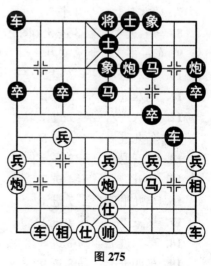

图 275

22. 炮七平五　马6进4　　　**23.** 车八进八　将5平4

24. 炮五进四！马4进3　　　**25.** 相七进五（图276）

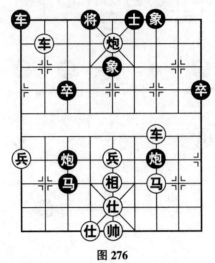

图 276

第 139 局　李艾东胜秦劲松

1. 兵七进一　马8进7　　　**2.** 马八进七　车9进1

3. 炮二平五　卒3进1　　　**4.** 兵七进一　车9平3

5. 马七进六　车3进3　　　**6.** 马二进三　车3平4

7. 马六退七　车4平3

8. 马七进六　象3进5（图277）

9. 车一平二　炮8平9

10. 马六退八　车3退2

11. 炮八进五　车3平2

12. 马八进六　卒7进1

13. 车九进一　士4进5

14. 马三退五　车2平4

15. 马五进七　车4进2

16. 车九平四！卒7进1

17. 兵三进一　马2进1

18. 车二进七　马7进8

19. 车四进七　马8进9？

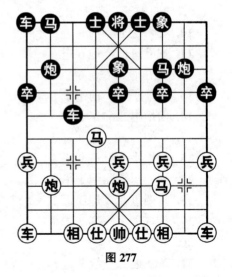

图 277

20. 炮五平六　车4平5　　21. 车二平五　马9退7

22. 车五平三　马7进5　　23. 仕四进五　车5进1

24. 炮六平五！车5平7　　25. 马六进五（图278）

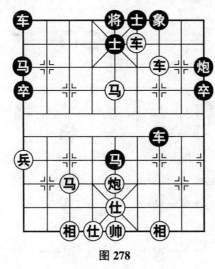

图 278

第140局　吕钦胜林益世

1. 兵七进一　马8进7　　2. 炮二平五　车9进1

3. 马二进三　卒3进1　　4. 炮八平七　象3进5

5. 车一平二　炮8退1

6. 兵七进一　炮8平3（图279）

7. 兵七进一　车9平4

8. 车二进四　卒7进1

9. 车九进一　士4进5

10. 炮七进六　车4平3

11. 车二平七　炮2进2

12. 车九平七！炮2平3

13. 兵七平六　炮3退2

14. 炮五平七　车1进2

15. 后车平八　车3退1

16. 车八进七！马7进6

17. 兵六平五　炮3进2

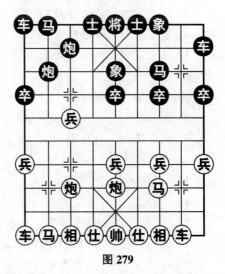

图 279

18. 炮七进三　象 5 进 3
19. 车七平八　车 1 退 2
20. 后兵进一　车 3 平 4
21. 后兵进一　马 6 进 7
22. 马八进七　马 2 进 4
23. 前兵平六　车 1 平 2?
24. 前车平六!　车 2 进 5
25. 车六进一（图 280）

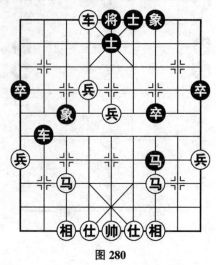

图 280

第 141 局　王晟强胜谢丹枫

1. 兵七进一　马 8 进 7
2. 兵三进一　炮 2 平 3
3. 马八进九　炮 8 平 9
4. 炮二平五　车 9 平 8
5. 马二进三　车 8 进 4
6. 车一平二　车 8 进 5
7. 马三退二　炮 3 进 3
8. 炮五平三　车 1 进 2（图 281）
9. 炮三进四　马 7 退 5?
10. 炮八平五　马 2 进 3
11. 车九平八　卒 3 进 1
12. 马二进三　象 7 进 5
13. 车八进六　马 5 进 7
14. 炮三平四　马 3 进 4
15. 兵三进一!　马 4 退 6

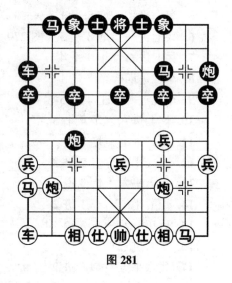

图 281

16. 兵三进一　马6进7

17. 兵三进一　马7进6

18. 帅五进一　车1平4

19. 炮五进四　士4进5

20. 相三进五　车4进4

21. 帅五平四　炮3进2

22. 仕四进五　马6退5

23. 马三进四!　炮9进4

24. 炮五退一　炮3退2

25. 马四进二　马5退7

26. 马二退一　马7进6

27. 兵五进一　马6退5

28. 兵五进一（图282）

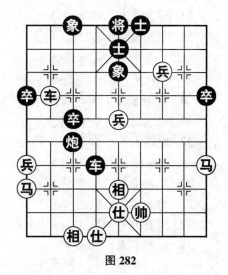

图 282

第 142 局　柳大华负王玉才

1. 兵七进一　马8进7

2. 马八进七　车9进1

3. 炮二平五　卒3进1

4. 兵七进一　车9平3

5. 马七进六　车3进3

6. 马六进五　马7进5

7. 炮五进四　马2进3

8. 炮五退二　马3进4

9. 炮八平五　马4进3

10. 车一进一　车1平2（图283）

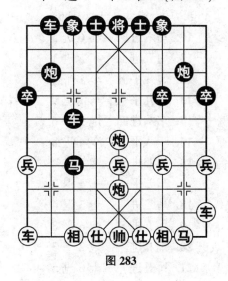

图 283

11. 马二进三　炮2进7!

12. 车一平七　炮8平3

13. 仕四进五　象3进1

14. 前炮平七　马3进5

15. 相三进五　车2进7

16. 马三退四　车3平4

17. 炮七平五　象1进3

18. 炮五平七　炮3平4

19. 炮七平五?　炮4进7!

20. 马四进三　卒7进1

21. 炮五平四　车4平6

22. 炮四退二　炮4退7

23. 相七进九　车2平5

24. 相九进七　车 5 平 2
25. 车九进二　车 2 退 4
26. 车七平六　士 6 进 5
27. 车六进一　车 2 进 5
28. 车九退二　车 6 进 2
29. 兵九进一　炮 4 平 5
30. 炮四平五　炮 5 平 3
31. 炮五平四　象 7 进 5
32. 车六平七　象 3 退 1
33. 相七退五　象 5 进 3
34. 相五进七　炮 3 平 5
35. 炮四平六?　车 6 平 7
36. 炮六平五　炮 5 平 7
37. 仕五进四　车 7 平 8 (图 284)

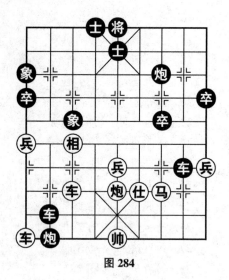

图 284

第 143 局　杨官璘胜蔡文钧

1. 兵七进一　马 8 进 7
2. 兵三进一　炮 8 平 9
3. 炮二平五　车 9 平 8
4. 马二进三　车 8 进 4
5. 车一平二　车 8 进 5
6. 马三退二　象 3 进 5
7. 马八进七　马 2 进 4
8. 车九进一　马 4 进 6 (图 285)
9. 马七进六　士 4 进 5
10. 马六进四　马 6 进 5
11. 炮五进三　卒 5 进 1
12. 炮八平五　车 1 平 4
13. 车九平八　马 7 退 9
14. 车八进四　炮 9 平 6
15. 车八平五　车 4 进 8
16. 仕四进五　炮 2 进 4
17. 车五平八　车 4 退 2
18. 马二进三　士 5 退 4?
19. 兵五进一　炮 6 平 8
20. 车八进一　炮 2 平 3
21. 兵五进一　士 6 进 5

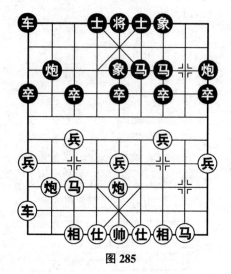

图 285

22. 兵五进一　车4平6

24. 兵五进一　将5平6

26. 马三进四　车4退1

27. 炮五平四　炮3平6

28. 马四进三　炮6平5

29. 相三进五　马9进7

30. 马三退四　炮5平6

31. 马四进五　炮6平7

32. 马五退四!　炮7平6

33. 马四退二　炮6平5

34. 马二进三　马7退5

35. 马三退四　车4平6

36. 车八平六　将6进1

37. 马四进二　车6平8

38. 车六平四!（图286）

23. 兵五进一!　车6退2

25. 车八进三　车6平4

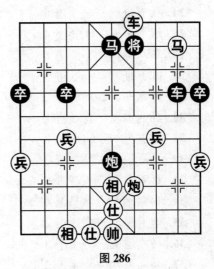

图 286

第 144 局　蒋川胜谢靖

1. 兵七进一　马8进7

3. 炮二平五　卒3进1

5. 马七进六　车3进3

7. 车九平八　车1平2

8. 马二进三　炮8进2（图287）

9. 车一平二　炮8平4

10. 炮六进三　车3平4

11. 车二进四　象3进5

12. 车八进六　卒7进1

13. 马三退五　车4平3

14. 马五进七　炮2平1

15. 车八平七　车3退1

16. 马六进七　炮1退1

17. 后马进八　炮1平3

18. 炮五平八　车2平3

19. 炮八平七　马3退5

2. 马八进七　车9进1

4. 兵七进一　车9平3

6. 炮八平六　马2进3

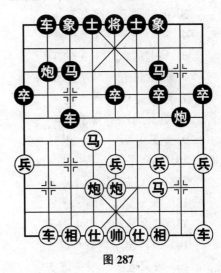

图 287

20. 马七进八！ 炮 3 进 8　　　21. 仕六进五　 车 3 进 1

22. 后马进七　 马 5 进 3　　　23. 车二平八　 象 5 进 3

24. 兵五进一　 马 7 进 6　　　25. 兵五进一！ 马 6 进 5

26. 炮七平五　 车 3 平 4

27. 车八退四　 车 4 进 8

28. 帅五平六　 马 5 进 3

29. 帅六平五　 前马进 2

30. 马八退六　 将 5 进 1

31. 兵五进一　 将 5 平 4

32. 马七退五！ 马 2 退 3

33. 兵五平六　 象 7 进 5

34. 兵六平七　 前马退 4

35. 炮五平六　 马 3 退 2

36. 马六退七　 将 4 平 5

37. 马七退六　 马 4 进 2

38. 炮六平五　 将 5 平 4

39. 炮五进五 （图 288）

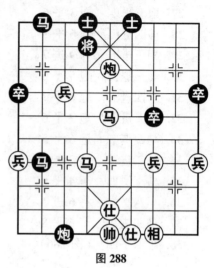

图 288

第 145 局　黄海林胜董旭斌

1. 兵七进一　 马 8 进 7　　　2. 马八进七　 车 9 进 1

3. 炮二平五　 卒 3 进 1

4. 兵七进一　 车 9 平 3

5. 马七进六　 车 3 进 3

6. 马六进五　 马 7 进 5

7. 炮五进四　 马 2 进 3

8. 炮五退二　 马 3 进 4

9. 炮八平五　 马 4 进 3

10. 车九平八　 马 3 进 4 （图 289）

11. 车八进一！ 马 4 退 6

12. 车八平四　 炮 8 平 3

13. 前炮平八　 士 4 进 5

14. 相七进九　 马 6 退 8

15. 马二进一　 象 3 进 5

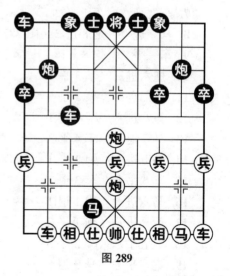

图 289

16. 车一平二 车1平4	**17.** 车二进三 车4进5
18. 炮八进二 炮3平4	**19.** 炮八退六 炮4进7
20. 车二退二! 车3平2	**21.** 炮八平七 炮4退3
22. 车四平六 车2平3	**23.** 车六平七 车3进4
24. 车二平七 炮2进7	**25.** 帅五进一 车4平8
26. 帅五平六 车8进3	**27.** 炮五退一 炮4退6
28. 炮五平三 炮2退5	**29.** 车七进三 炮2平9
30. 车七平一 车8退1	
31. 帅六平五 车8平1	
32. 炮七进六 车1退1	
33. 车一平五 炮4进9	
34. 兵一进一 炮9平8	
35. 马一进二 炮4平7	
36. 炮七平五 车1平4	
37. 炮三平一 卒7进1	
38. 帅五平四 炮7平9	
39. 炮一平三 将5平4	
40. 仕四进五 炮9平1	
41. 炮三进一 炮1退1	
42. 帅四退一 车4进2?	
43. 炮三退一 (图290)	

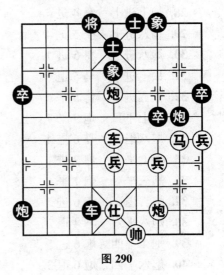

图290

第146局 胡荣华胜黄少龙

1. 兵七进一 马8进7	**2.** 马八进七 车9进1
3. 炮二平五 象3进5	**4.** 马二进三 车9平4
5. 车一平二 炮8平9	**6.** 炮八进二 马2进3
7. 马七进六 卒7进1	**8.** 炮五平六 车4平6 (图291)
9. 车二进四 炮2退1	**10.** 相七进五 炮2平4
11. 炮六平八 士4进5	**12.** 兵三进一 卒7进1
13. 车二平三 车6进1	**14.** 车九平七 炮4平3
15. 马三进四 马7进6	**16.** 马四进六 马6进4
17. 马六进八! 车1平3	**18.** 车三平六 车6进2
19. 仕六进五 炮3平1	**20.** 车七进三 卒9进1?

21. 车七平六　士5进4
22. 前车进一！车6平4
23. 车六进二　炮1平4
24. 车六平一　士4退5
25. 后炮平七　炮9退1
26. 车一平六　卒3进1
27. 兵七进一　马3进4
28. 炮七进七　马4进5
29. 马八进七　士5进4
30. 炮八进五　将5进1
31. 兵七进一　马5退6
32. 仕五进四　将5平6？
33. 炮七平三　炮9平7
34. 炮八退八　马6进4
35. 兵七平六　炮7进1
36. 炮三平二　炮7平6
37. 炮二退三　士6进5
38. 炮八平六　马4退2
39. 炮二平四　炮6进5
40. 炮六平四　炮6退3
41. 兵六平五　马2进4
42. 兵五进一　马4进5
43. 帅五进一　马5退4
44. 后炮进一　卒1进1
45. 前炮平六　（图292）

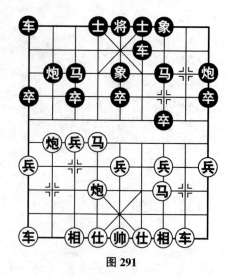

图 291

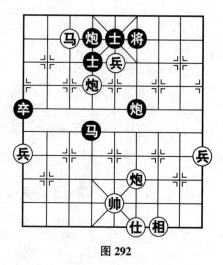

图 292

第147局　徐天红胜张致忠

1. 兵七进一　马8进7
2. 马八进七　车9进1
3. 炮二平五　车9平4
4. 马二进三　炮8退1
5. 车一平二　炮8平6
6. 仕六进五　卒7进1
7. 车二进四　马2进3
8. 炮五平四　士4进5（图293）
9. 相七进五　车4进3
10. 车九平六　车4进5

11. 仕五退六　象 3 进 5

12. 兵三进一　炮 6 平 7

13. 车二进四　炮 2 退 1

14. 兵三进一　炮 7 进 3

15. 车二退一　马 7 进 6

16. 马三进四　马 6 退 4

17. 炮八退一　卒 5 进 1

18. 马四进三　车 1 平 4

19. 马三退五　炮 2 进 5

20. 炮四进六　马 4 进 6

21. 炮八平三！炮 7 平 5

22. 车二平三　士 5 进 6

23. 炮四退三　车 4 进 7

24. 炮三进一　车 4 退 4

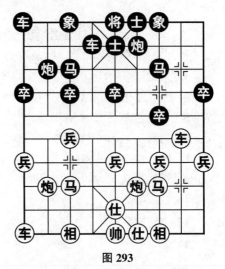

图 293

26. 仕六进五　士 6 进 5

28. 炮二进四　将 4 进 1

30. 炮二平四！后炮退 4

32. 炮三平八　马 3 退 2

34. 车三退六　炮 2 退 4

36. 兵五进一　卒 3 进 1

37. 兵七进一　象 5 进 3

38. 马七进六　马 2 进 4

39. 马六进四　车 8 退 2

40. 炮一进一　车 8 退 1

41. 马四进二！象 3 退 5

42. 车三进三　象 5 退 7

43. 车三平六　车 8 进 2

44. 马二退三　马 4 退 2

45. 车六平九　马 2 进 4

46. 车九平六　马 4 退 2

47. 车六进一　炮 2 平 3

48. 炮一平四！(图 294)

25. 兵五进一　炮 5 平 2

27. 炮四平二　将 5 平 4?

29. 炮二退一　将 4 退 1

31. 炮三进七　将 4 平 5

33. 车三进二　士 5 退 6

35. 炮四平一　车 4 平 8

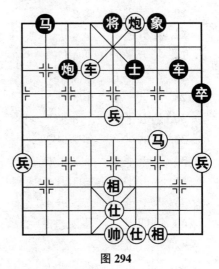

图 294

第148局　邓颂宏负任建平

1. 兵七进一　马8进7
2. 马八进七　车9进1
3. 炮二平五　卒3进1
4. 兵七进一　象3进5
5. 马二进三　车9平3
6. 马七进六　车3进3
7. 马六退八　车3退2
8. 炮八进五　车3平2（图295）
9. 马八进六　卒7进1
10. 车一平二　炮8平9
11. 车二进七　车2平4
12. 车二平三　车4进3
13. 车九进一　马2进3
14. 车九平四　车1进1
15. 车四平七　车1平4
16. 仕四进五　后车进1
17. 炮五进四　士4进5
18. 炮五退二　马3进4
19. 炮五进一　马4进2

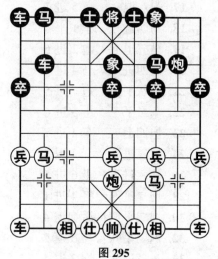

图 295

20. 车三进二?　将5平4!
21. 车三退二　前车进4
22. 仕五退六　车4进7
23. 帅五进一　马2进4
24. 帅五平四　马4进3
25. 车三平一　车4退6
26. 车一平五　车4平6
27. 帅四平五　车6平8
28. 帅五平四　车8进5
29. 帅四退一　车8退1
30. 炮五平六　车8平7
31. 炮六退四　车7进2
32. 帅四进一　车7退3
33. 兵五进一　将4平5
34. 车五平七　车7平6
35. 帅四平五　车6平5
36. 帅五平四　马3退2
37. 车七退五　车5退1
38. 车七进一　士5进4!
39. 炮六进一　车5进3
40. 帅四退一　马2进3
41. 炮六平一　卒7进1
42. 炮一进四　车5进1
43. 帅四进一　车5退6
44. 炮一进三　将5进1
45. 车七平四　卒7进1
46. 车四进五　将5进1
47. 车四退六　士4退5
48. 炮一退五　车5进5
49. 帅四退一　车5进1

50. 帅四进一　车5平3　　　　**51.** 车四平七　车3平5（图296）

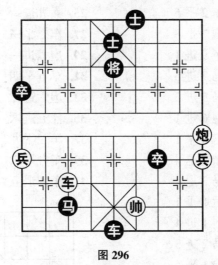

图296

第149局　胡荣华胜言穆江

1. 兵七进一　马8进7　　　　**2.** 马八进七　卒7进1

3. 炮八平九　炮2平6　　　　**4.** 车九平八　马2进3

5. 马七进六　象3进5　　　　**6.** 炮二平五　士4进5（图297）

7. 马二进三　车9平8　　　　**8.** 马六进五　马3进5

9. 炮五进四　炮6进1

10. 炮五退二　马7进8

11. 相七进五　马8进7

12. 炮五进二　炮8进1

13. 车一平二　炮8进3

14. 仕四进五　车8进4

15. 车八进五　炮8进2

16. 相五进三！炮6平7

17. 相三进五　卒3进1？

18. 车八平七　炮7退1

19. 车七平四　车8退1

20. 车四平三　炮7平8

21. 车三平四　车1平2

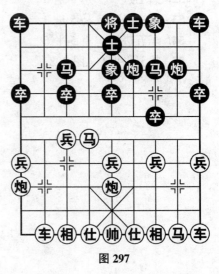

图297

· 159 ·

22. 炮九平六　　车2进3
23. 炮五退一　　前炮退1
24. 车二平三　　车2平5
25. 兵九进一　　后炮平7
26. 车三平二　　炮7平8
27. 车二平三　　后炮平7
28. 车三平二　　卒9进1
29. 炮六进一！车5进1
30. 车四平五　　马7进5
31. 车五平四！炮7进5
32. 车四退三　　马5进3
33. 炮六退二　　炮8平6
34. 车二进六　　炮6进1
35. 仕五进六　　炮6退3
36. 帅五进一　　炮6平1
37. 车二平九　　炮1平7
38. 车九进三　　士5退4
39. 车九平六　　将5进1
40. 车六平四　　马3退2
41. 车四退五　　后炮退1
42. 兵五进一　　后炮平1
43. 兵五进一　　炮1进4
44. 帅五退一　　马2进3
45. 兵五进一　　炮1平4
46. 车四退三　　马3退4
47. 车四平六　　马4退6
48. 兵五进一　　象7进5
49. 车六平四　　马6进4
50. 车四进二　　马4退5
51. 车四平三　　炮7平6
52. 兵七进一　　炮6退3
53. 车三平五　　马5进3
54. 车五进四　　将5平6
55. 帅五平四！(图298)

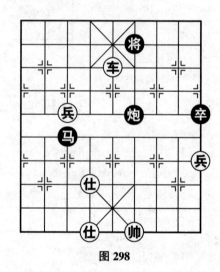

图298

· 160 ·

第四章 其 他

第 150 局　徐天红负陈孝坤

1. 兵七进一　马8进7	2. 炮八平六　车9进1
3. 炮二平五　卒7进1	4. 马二进三　车9平4（图299）
5. 仕六进五　炮2进6	6. 兵一进一？马2进3
7. 车一平二　炮8平9	8. 车二进七　车4平7
9. 车九进二　车1平2	10. 兵五进一　象3进5
11. 炮六进五　炮2退1	12. 炮五进一　车7平4！
13. 炮六平三　炮9平7	14. 车二平三　车4进7
15. 炮五平四　车4平2	16. 炮四进五　前车进1
17. 车三平五　士4进5	18. 相三进五　炮2平7
19. 仕五进六　马3退4	20. 车五平三　后车进2！
21. 车三进二　后车平8	22. 车九平七　炮7平9（图300）

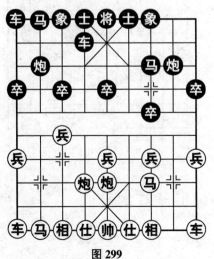

图299

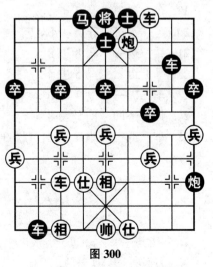

图300

第 151 局　陶汉明负胡荣华

1. 兵七进一　马 8 进 7

2. 炮八平六　车 1 进 1

3. 马八进七　车 1 平 4

4. 仕六进五　炮 2 平 5

5. 车九平八　马 2 进 3

6. 马二进三　卒 5 进 1（图 301）

7. 相七进五　卒 5 进 1

8. 兵三进一　马 7 进 5

9. 兵五进一　炮 5 进 3

10. 炮二进二　炮 5 平 8

11. 马三进二　马 5 进 6

12. 马二退三　马 3 进 5

13. 车一平二　炮 8 平 5

14. 车八进三　车 4 平 6！

15. 仕五进六　马 6 进 7

16. 车二进二　马 7 退 6

17. 仕四进五　车 9 进 1

18. 车二进一　车 9 平 4

19. 车八进三　卒 7 进 1

20. 车二平三　车 4 平 8

21. 兵三进一　车 8 进 8

22. 马七退六　马 5 进 4

23. 车三进一？马 4 进 6！

24. 帅五平四　前马退 8

25. 车三退三　炮 5 平 7！（图 302）

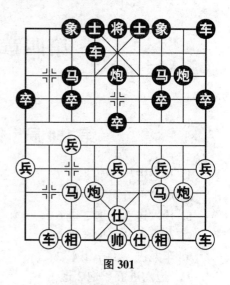

图 301

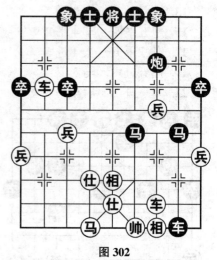

图 302

第 152 局　潘振波胜于红木

1. 兵七进一　马 8 进 7　　2. 炮二平三　车 9 平 8

3. 兵三进一　炮 2 平 5　　4. 马八进七　卒 5 进 1

5. 炮三平五　马 2 进 3

6. 马二进三　车 1 平 2（图 303）

7. 车一平二　炮 8 进 5

8. 车九平八　炮 8 平 5

9. 车二进九！前炮平 2

10. 车二平三　马 7 退 5

11. 车三平二　炮 2 平 7

12. 车八进九　马 3 退 2

13. 车二退七　炮 7 进 1

14. 仕四进五　马 5 进 3

15. 相三进五　士 4 进 5

16. 车二进三　炮 5 平 9

17. 马七进六　炮 9 进 4

18. 马六进七　炮 9 平 1

19. 车二平五　炮 7 平 9

20. 车五平八　马 2 进 3

21. 车八进二　马 3 进 5

22. 马七退五　卒 1 进 1

23. 马五进三　马 5 进 4

24. 兵七进一　卒 1 进 1

25. 车八平七！（图 304）

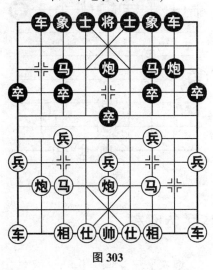

图 303

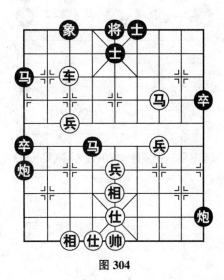

图 304

第 153 局　苏兆南负黄松轩

1. 兵七进一　马 8 进 7

2. 炮八平三　炮 8 平 9（图 305）

3. 马二进一? 炮 9 进 4!

4. 车一平二　炮 9 平 8

5. 车二平一　炮 8 平 5

6. 马八进七　炮 5 退 2

7. 马一进二　炮 2 平 5

8. 车九平八　马 2 进 3

9. 车八进六　前炮平 8

10. 相三进五　炮 8 进 3

11. 车八平七　车 9 平 8

12. 马二进三　马 3 退 5

13. 马七进六　车 1 平 2

14. 马六进四　炮 5 平 4

15. 车一平二	车2进6	16. 马四退二	车2平7!
17. 车七平九	炮4进1	18. 车二进二	车7退3
19. 马二进三	车8进7	20. 炮三进五	炮4平7
21. 车九平五	车8退4	22. 相五退三	象7进5
23. 炮三平四	炮7平6	24. 相七进五	马5进7
25. 车五平六	士6进5	26. 炮四进一	将5平6
27. 炮四平三	炮6平5	28. 仕六进五	车8退2（图306）

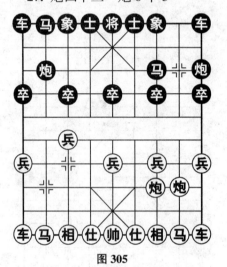

图 305

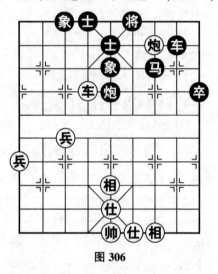

图 306

第154局　肖革联负邱东

1. 兵七进一	马8进7	2. 炮二平三	车9平8
3. 兵三进一	炮2平5	4. 炮八平五	马2进3
5. 马八进七	车1平2	6. 炮三进四	车2进4（图307）
7. 车九平八	车2进5	8. 马七退八	炮5进4
9. 仕六进五	炮8进6	10. 马八进七	炮5退1
11. 车一进二	象7进5	12. 车一平四	车8进3
13. 兵三进一	象5进7	14. 炮三平七	卒5进1
15. 炮七进三	士4进5	16. 车四平三	马7进5
17. 车三进一	象7退5	18. 炮七平九	马5进7
19. 车三平六	士5进4	20. 车六进四	马3进2
21. 兵七进一？	象5进3	22. 车六退二	马7进6!

23. 帅五平六	象 3 退 1	24. 车六平八	车 8 平 4
25. 炮五平六	炮 8 退 6!	26. 马七进八	炮 8 平 4
27. 马八进六	炮 5 平 4	28. 炮六平五	将 5 平 4 （图 308）

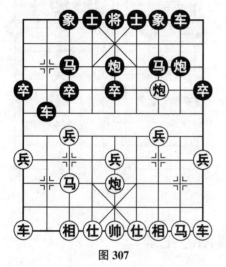

图 307

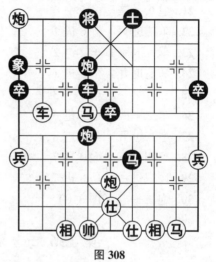

图 308

第 155 局　孙勇征胜王跃飞

1. 兵七进一	马 8 进 7	2. 炮二平三	车 9 平 8
3. 马八进七	炮 8 平 9	4. 马二进一	炮 2 平 5 （图 309）
5. 车一平二	车 8 进 9		
6. 马一退二	车 1 进 1		
7. 炮三进四	卒 5 进 1?		
8. 炮三进三	士 6 进 5		
9. 相七进五	马 2 进 3		
10. 马二进三	马 3 进 5		
11. 车九进一	卒 3 进 1		
12. 车九平二	卒 3 进 1		
13. 炮三平一	车 1 平 2?		
14. 车二进八	士 5 退 6		
15. 车二退一	士 6 进 5		
16. 炮八退一!	卒 3 进 1		
17. 车二进一	士 5 退 6		

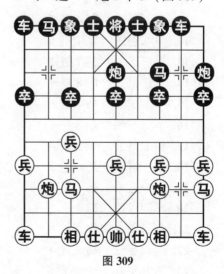

图 309

18. 车二退三　士6进5
19. 车二进三　士5退6
20. 车二退一　士6进5
21. 炮八平二　将5平6
22. 车二进一　将6进1
23. 车二退三　车2进2
24. 马七退九　卒5进1
25. 兵五进一　车2平3
26. 车二平四　士5进6
27. 炮二进五!　马7进8
28. 车四平三　炮9平7
29. 兵三进一　马8进7
30. 炮二平五　(图310)

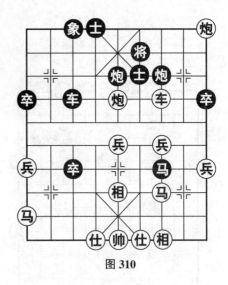

图 310

第 156 局　陶汉明胜王晓华

1. 兵七进一　马8进7
2. 炮八平六　车1进1
3. 马八进七　车1平4
4. 仕六进五　马2进1
5. 车九平八　车4进3
6. 马二进三　卒1进1
7. 车八进六　卒7进1
8. 炮二平一　车9平8 (图311)
9. 车一平二　炮2平4
10. 车二进六　车4进2
11. 车二平三　车4平3
12. 车八退四　象7进5
13. 兵三进一　卒7进1
14. 车三退二　炮8退1
15. 车三平二　马7进6
16. 车二平四　炮8平7
17. 相七进五　车8进4
18. 炮一进四　马6退7
19. 炮一进一　马1进2
20. 车四进四　炮4平2
21. 车八平九　炮7进6
22. 炮六平三　马2进4
23. 车九平八　炮2平1

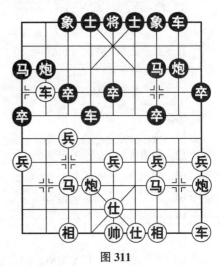

图 311

24. 车四平六 马7进6?
25. 炮一进二! 车8退4
26. 炮一平四! 马4进3
27. 车八进七 象5进7
28. 车八平七 马6退5
29. 炮四平六 车8进5
30. 车六平四 炮1平4
31. 车七退一（图312）

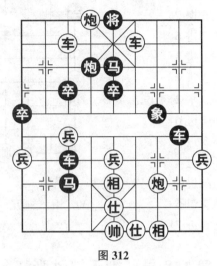

图 312

第 157 局　庄玉庭负吕钦

1. 兵七进一 马8进7
2. 炮八平六 卒7进1
3. 马八进七 马2进1
4. 车九平八 车1平2（图313）
5. 炮二平五 炮2平4
6. 车八进九 马1退2
7. 车一进一 象7进5
8. 车一平三? 炮8退2
9. 车三平八 马2进1
10. 车八进六 士6进5
11. 马七进八 炮8进3
12. 炮六平七 车9平6
13. 马八进七 炮8平3
14. 炮七进四 车6进5
15. 炮七进二 车6平3

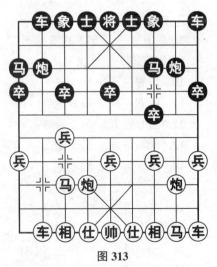

图 313

16. 炮七平八　车 3 退 4

17. 马二进三　炮 4 进 5

18. 马三退五　炮 4 退 3

19. 兵五进一　炮 4 平 6

20. 相七进九　炮 6 退 2

21. 车八退四　马 7 进 6

22. 马五退七　马 1 进 3

23. 炮八进一　马 3 进 4

24. 车八平六　车 3 平 2

25. 兵五进一? 马 4 进 6!

26. 车六退二　卒 5 进 1

27. 炮八平九　卒 5 进 1

28. 仕六进五　前马进 7

29. 帅五平六　马 7 退 5

31. 车六进四　马 6 进 7!（图 314）

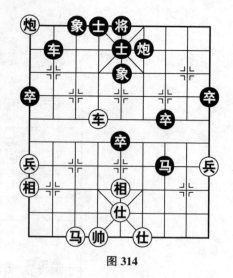

图 314

30. 相三进五　炮 6 退 1

第 158 局　徐天红胜张江

1. 兵七进一　马 8 进 7

2. 炮八平六　马 2 进 1

3. 马八进七　车 1 平 2

4. 车九平八　炮 8 平 9

5. 炮二平五　车 9 平 8

6. 马二进三　车 8 进 5

7. 炮六进二　卒 7 进 1

8. 兵五进一　车 8 进 3（图 315）

9. 兵三进一　车 8 平 3

10. 马三进五　马 7 进 6

11. 兵五进一　马 6 进 5

12. 马七进五　炮 2 平 5

13. 车八进九　马 1 退 2

14. 兵三进一　炮 5 进 2?

15. 炮六平五!　士 4 进 5

16. 前炮进二　将 5 平 4

17. 后炮进三　马 2 进 3

18. 车一进二!　马 3 进 5

19. 车一平六　炮 9 平 4

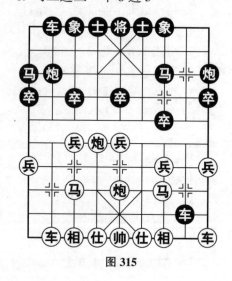

图 315

20. 兵三平四　马5退7
21. 兵四进一　马7进8
22. 马五进三　车3退3
23. 相七进五　车3进1
24. 车六进四　马8进6
25. 炮五退一　车3退2
26. 仕六进五　卒1进1
27. 兵一进一　象3进1
28. 仕五进四　车3平5
29. 车六退二　车5平2
30. 仕四进五　炮4退1
31. 车六进二　车2平5
32. 炮五平六（图316）

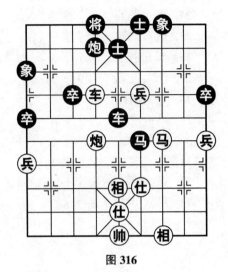

图 316

第 159 局　李来群胜许银川

1. 兵七进一　马8进7
2. 炮二平三　车9平8
3. 炮八平五　炮8平9
4. 马八进七　象3进5（图317）
5. 马二进一　炮9进4?
6. 车一平二　车8进9
7. 马一退二　卒7进1
8. 车九进一　卒9进1
9. 车九平六　车1进1
10. 炮三进三!　炮2平3
11. 炮三进一　车1平8
12. 马二进三　炮9退1
13. 车六平八　车8进2?
14. 炮三进三!　象5退7
16. 炮五平六　车7进3
18. 马七进六!　马6进4
20. 车六退一　将5退1
22. 车六退五　炮3平7

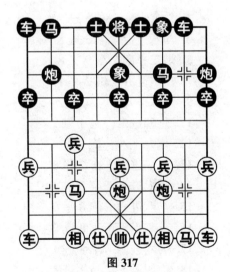

图 317

15. 车八进八　车8平7
17. 相七进五　马7进6?
19. 车八平六　将5进1
21. 车六进一　将5进1
23. 马三退一　炮9进1

24. 车六平五　车7退3
25. 炮六进四　车7进3
26. 车五进二　炮7平5
27. 仕六进五　炮9平5
28. 炮六退四　前炮平3
29. 马一进三　将5平4
30. 车五退三　车7平5
31. 马三进五　炮5平1
32. 马五进六　炮3平4
33. 马六进七（图318）

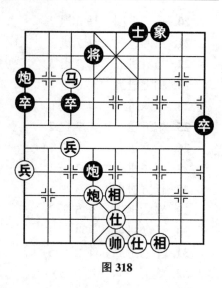

图318

第160局　赵国荣胜张惠民

1. 兵七进一　马8进7	2. 相七进五　卒7进1
3. 马八进七　象3进5	4. 马二进一　卒9进1
5. 炮二平四　车9平8	6. 车一平二　马2进4
7. 仕六进五　炮2平1	8. 车九平六　车1平2（图319）
9. 炮八平九　马4进2?	10. 马七进八　马2进1

11. 炮四进二　马1进2
12. 炮九平八！炮1进4
13. 车二进六　车2平3
14. 兵七进一　卒3进1
15. 马八进六　炮8平9
16. 车二平三　车8进2
17. 马六进四　车3进1
18. 炮四退一　马2进4
19. 车六进二　炮1平6
20. 车三退一！士4进5
21. 车三退一　车8退1
22. 车三进三　炮9进4
23. 帅五平六　士5进6

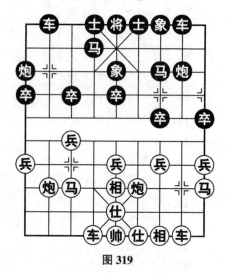

图319

24. 车六进七　将5进1
25. 马四退三　车8平6
26. 马一退三　车3平2
27. 后马进四　炮9平6
28. 炮八平七　炮6进2
29. 车三退一　卒3进1
30. 车三平五　卒3进1
31. 炮七退二　卒3进1
32. 车五平四　炮6平7
33. 车四平六！（图320）

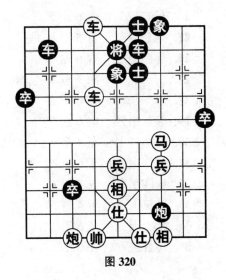

图 320

第 161 局　金松胜庄玉庭

1. 兵七进一　马8进7
2. 马二进一　炮2平5
3. 马八进七　马2进3
4. 车九平八　卒7进1
5. 仕四进五　马7进6
6. 相三进五　炮8平6
7. 车一平二　卒9进1
8. 炮八进二　车1平2（图321）
9. 车八进三　马6进7
10. 炮二平四　马7进9
11. 车二进二　车2进4
12. 车八平六　车9进2
13. 炮四平一　车9平8
14. 车二平四　炮6进2
15. 炮一平三　象7进9
16. 车六进四　炮5平6
17. 车四退二　马3退1
18. 兵七进一！　车2平3
19. 马七进六　士6进5
20. 车六平八　后炮进7
21. 车八平二　前炮平9
22. 马六进五　车3平5
23. 马五进四　象9退7

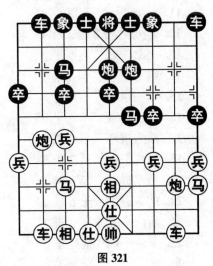

图 321

24. 车二进二　炮6进5

25. 炮三退二　将5平6

26. 马四退三　炮6退6

27. 炮三进二　象3进5

28. 炮三平四　将6平5

29. 炮八平四　炮6退3？

30. 后炮进七　车5平6

31. 前炮退一！车6进1

32. 炮四平九　士5退6

33. 马三退五　士4进5

34. 车二退三　车6退1

35. 马五进七（图322）

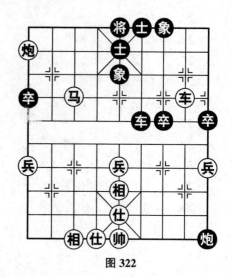

图 322

第162局　程龙胜张晓平

1. 兵七进一　马8进7　　　2. 炮二平六　马2进1

3. 马二进三　车9平8　　　4. 马八进七　卒7进1

5. 相七进五　车1进1　　　6. 仕六进五　车1平4

7. 兵九进一　车4进5　　　8. 炮八退二　马7进6（图323）

9. 车九进二　炮8平5　　　10. 炮八平六　车4平3

11. 后炮平七　车3平4

12. 车九平八　炮2平4

13. 马七进八　炮5平2

14. 炮七平六　车4平3

15. 车一进一　马6进5

16. 马三进五　车3平5

17. 前炮进四　车8进5

18. 车八平七　象7进5

19. 马八进九　卒9进1

20. 前炮进二　士6进5

21. 前炮平九　卒5进1

22. 车一平四　前炮进3？

23. 车七退二　前炮平4

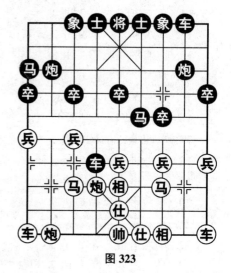

图 323

24. 车七平六　车 5 进 1
25. 车四进七！车 5 平 3
26. 炮九进一　炮 2 平 4
27. 车四平一　炮 4 进 3
28. 马九进七　马 1 进 2
29. 马七进八！炮 4 平 5
30. 相三进五　车 3 平 5
31. 车一进一　士 5 退 6
32. 马八退七　车 5 平 2
33. 仕五进四　炮 5 平 4
34. 马七进六　车 2 平 6
35. 马六退七　象 3 进 1
36. 车六平八（图 324）

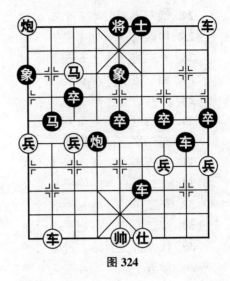

图 324

第 163 局　李少庚负谢靖

1. 兵七进一　马 8 进 7
2. 炮二平六　车 9 平 8
3. 马二进三　卒 7 进 1
4. 马八进七　马 2 进 1
5. 相七进五　车 1 进 1
6. 炮八进二　象 7 进 5
7. 车一平二　炮 2 平 4
8. 兵三进一　卒 7 进 1
9. 炮八平三　车 1 平 3
10. 车九平八　卒 3 进 1（图 325）
11. 车八进七　炮 4 进 2
12. 炮三进二　卒 3 进 1
13. 马三进四　炮 4 平 3
14. 炮六进五　车 3 平 6
15. 马四进六　车 6 进 3
16. 炮六平三　车 6 平 4
17. 车八进一　炮 3 进 3
18. 前炮平九　炮 8 进 4
19. 炮九进二　炮 3 平 1
20. 相五退七　炮 1 进 2
21. 车八退八　车 4 平 7
22. 炮三平四　车 7 平 6
23. 炮四平三　车 6 平 7

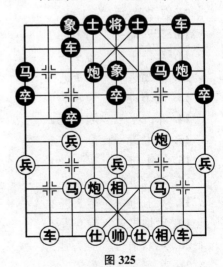

图 325

24. 炮三平四　车7平6
25. 炮四平三　炮1退1
26. 车二进一　士6进5!
27. 相三进五　车6进2
28. 车八进三?　将5平6
29. 车二退一　炮1平8
30. 车二平三　前炮平9
31. 车三平二　炮9平8
32. 车二平三　前炮平9
33. 车三平二　炮9平8
34. 车二平三　后炮平5
35. 仕六进五　炮8进1
36. 帅五平六　车8进4
37. 车八平六　卒3进1!（图326）

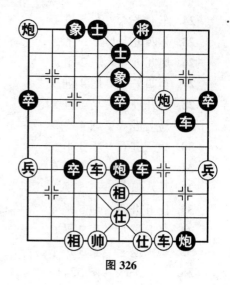

图 326

第 164 局　陶汉明胜胡荣华

1. 兵七进一　马8进7		2. 炮八平六　车1进1
3. 马八进七　车1平4		4. 仕六进五　车4进3
5. 马二进三　卒7进1		6. 车九平八　马2进1
7. 炮二进二　卒1进1		8. 车八进六　士6进5（图327）

9. 炮二平六　车4平2
10. 车八退一　马1进2
11. 车一平二　车9平8
12. 车二进六　象7进5
13. 前炮进四　炮8平9
14. 车二平三　炮9退2
15. 兵七进一!　卒3进1
16. 马七进六　卒3进1
17. 马六进四　车8平7
18. 兵五进一　卒3进1
19. 后炮平五　炮9进1
20. 炮六平一　马7退9
21. 车三平五　车7平6

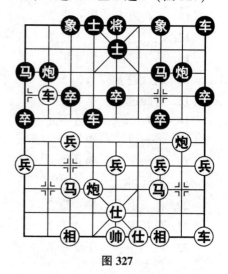

图 327

22. 马四进五！ 象 3 进 5

23. 车五平八 象 5 退 3

24. 车八退一 炮 2 平 5

25. 车八平九 马 9 进 8

26. 车九平三 车 6 进 3

27. 兵三进一 马 8 退 6

28. 车三平七 炮 5 进 5

29. 相三进五 车 6 进 3

30. 马三进二 车 6 平 9

31. 马二进三 车 9 平 5

32. 兵五进一 象 3 进 5

33. 车七平六 象 5 退 7

34. 兵九进一 卒 9 进 1

35. 兵五平四 车 5 退 3

36. 马三退一 车 5 平 9

37. 马一退二 车 9 进 3

38. 马二退四 车 9 平 6

39. 兵三进一 马 6 进 8

40. 车六退一 象 7 进 5

41. 兵三进一 (图 328)

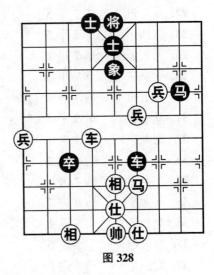

图 328

第 165 局 于幼华负吕钦

1. 兵七进一 马 8 进 7

2. 炮二平三 车 9 平 8

3. 马二进一 炮 8 平 9

4. 马八进七 马 2 进 1

5. 相七进五 象 7 进 5

6. 兵三进一 车 1 进 1

7. 兵九进一 炮 9 进 4

8. 车一平二 车 8 进 9

9. 马一退二 车 1 平 8

10. 马二进一 车 8 进 3 (图 329)

11. 仕六进五 士 6 进 5

12. 炮八平九 炮 2 平 4

13. 车九平六 卒 9 进 1

14. 车六进四 炮 9 退 1

15. 车六进二 卒 3 进 1

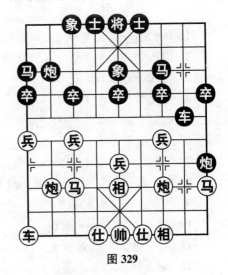

图 329

16. 马一进三　车 8 进 2

17. 炮九进一　车 8 进 1

18. 炮三平四　卒 3 进 1

19. 相五进七　车 8 退 3

20. 相七退五　卒 1 进 1

21. 兵三进一　车 8 平 7

22. 马三进五　车 7 平 5

23. 兵九进一　车 5 平 1

24. 炮四平三　车 1 平 5

25. 车六平九　卒 7 进 1

26. 马五退七　卒 7 进 1

27. 兵五进一? 炮 9 平 5!

28. 后马进五　卒 7 平 6

29. 马七进五　车 5 进 1

30. 马五进七　炮 4 进 4

31. 马七进八　车 5 平 4

32. 炮九进四　象 3 进 1

33. 车九进一　炮 4 平 5

34. 车九退二　马 7 进 9

35. 车九平一　马 9 进 7

36. 车一平二　卒 6 进 1

37. 炮三退一　士 5 退 6

38. 炮三平一　马 7 进 8!

39. 炮一平四　象 5 进 7

40. 车二进二　士 4 进 5

41. 车二平七　将 5 平 4! (图 330)

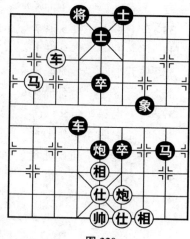

图 330

第 166 局　徐天红胜吕钦

1. 兵七进一　马 8 进 7

2. 炮八平六　卒 7 进 1

3. 马八进七　马 2 进 3

4. 车九平八　车 1 平 2

5. 炮二平五　车 9 平 8

6. 马二进三　炮 8 平 9

7. 车八进六　士 4 进 5

8. 车一进一　车 8 进 5 (图 331)

9. 兵五进一　车 8 平 5

10. 炮六进二　马 7 进 6?

11. 马三进五! 马 6 进 5

12. 炮五进二　马 5 进 3

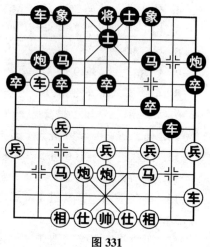

图 331

13. 炮六退一　卒 5 进 1
14. 炮五退二　卒 5 进 1
15. 炮六进二　象 3 进 5
16. 炮六平五　卒 5 进 1
17. 后炮平二　车 2 平 4
18. 车一平七　前马退 4
19. 炮五退一　炮 2 退 2
20. 炮二进七　车 4 进 3
21. 车七平六　车 4 平 8
22. 炮二平一　马 4 进 3
23. 车六进一　车 8 平 5
24. 炮五进三！车 5 退 1
25. 车六平七　车 5 平 8
26. 车八平七　炮 2 平 3
27. 前车平三　马 3 进 4
28. 车七平四　炮 9 进 4
29. 炮一退六　炮 3 进 9
30. 仕六进五　车 8 进 4
31. 车三平六　车 8 平 9
32. 车六退一　车 9 平 7
33. 车六平五　炮 3 退 3
34. 兵七进一　炮 3 平 4
35. 兵七平六　炮 4 平 3
36. 车四平七　卒 5 平 4
37. 兵六进一　车 7 退 1
38. 兵六进一　车 7 平 4
39. 车七平八　车 4 退 3
40. 车八进七　车 4 退 2
41. 车八平六　将 5 平 4
42. 车五平六　将 4 平 5
43. 车六退二　炮 3 进 2
44. 相三进一！（图 332）

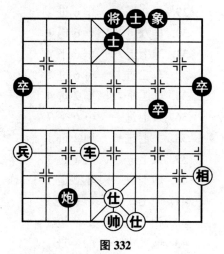

图 332

第 167 局　廖二平负张强

1. 兵七进一　马 8 进 7
2. 炮八平六　车 1 进 1
3. 马八进七　炮 2 平 5
4. 马二进三　马 2 进 3（图 333）
5. 炮六进五　车 1 平 7
6. 车九平八　卒 5 进 1
7. 车八进六　炮 5 进 1！
8. 车八平七　炮 8 平 4
9. 车七进一　炮 4 平 5
10. 车一平二　车 9 平 8
11. 炮二进二　卒 7 进 1
12. 相七进五　车 7 平 4
13. 炮二进三　马 7 进 6
14. 车七退一　前炮进 3
15. 马三进五　马 6 进 5
16. 马七进八？卒 5 进 1！
17. 炮二退一　士 6 进 5
18. 车七平五　车 4 进 3

19. 马八进七　马5进3
20. 仕四进五　卒5进1
21. 车二进五　炮5平2
22. 车五退一　车4平5
23. 马七退五　象7进5
24. 马五进六　将5平6
25. 马六退八　车8进2
26. 车二退一　车8平6
27. 炮二平七　车6进1
28. 炮七进二　士5进4
29. 马八退六　车6进1
30. 马六进八　车6退1
31. 炮七退六　车6平2
32. 车二进五　将6进1

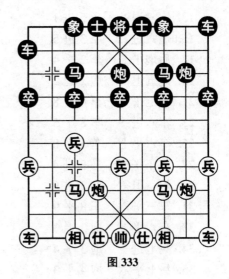

图 333

33. 车二退一　将6退1
35. 炮七退二　卒5平6
37. 兵七进一　士4进5

34. 车二平八　车2进4
36. 兵七进一　卒6平7
38. 兵七进一　炮2进1
39. 兵七进一　前卒进1
40. 炮七进一　车2退1
41. 炮七平九　卒9进1
42. 相三进一　后卒进1
43. 炮九进一　前卒进1
44. 炮九退一　车2进2
45. 炮九进五?　炮2平5!
46. 炮九退二　前卒平6!
47. 炮九平四　车2平3
48. 车八退八　车3退1
49. 车八进五　象5进3（图334）

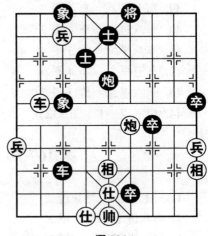

图 334

第 168 局　张强胜肖革联

1. 兵七进一　马8进7
3. 炮八平五　炮2平5
5. 车九平八　车1进1

2. 炮二平三　车9平8
4. 马八进七　马2进3
6. 马二进一　车1平6

7. 车一平二　车6进6

8. 炮三进四　车6退2（图335）

9. 车二进六　车6平3

10. 车八进二　炮8平9

11. 车二进三　马7退8

12. 炮五退一　卒3进1

13. 炮五平七　车3平6

14. 车八进六　士6进5

15. 相七进五　将5平6

16. 仕六进五　马3进4

17. 炮三平九　炮9平7

18. 车八退五　象3进1

19. 车八平六　马4退3

20. 炮九退二　车6退1

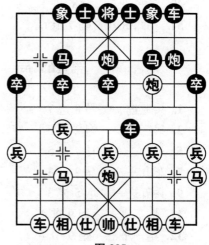

图 335

22. 车六平三　炮7进1？

24. 仕五进四！　炮5平7

26. 炮九平三　车6退1

28. 兵一进一　炮7退2

30. 炮三平九　炮7平1

32. 兵三进一　象7进5

34. 马六进四　马9退7

36. 马二进三　卒3进1

37. 马三进五　士4进5

38. 马四进三　卒3平4

39. 炮九平三　马6退7

40. 马五进七　炮6退2

41. 马三退一　后马进8

42. 马一退二　马7退8

43. 炮三平二　后马进9

44. 炮二平一　马9退8

45. 兵三进一！　炮6平9

46. 兵一进一　卒4平5

47. 兵三进一　后马进7

48. 马二进三　马8进9

21. 车六进一　马8进9

23. 马七进六　车6退1

25. 炮七平四　后炮进3

27. 炮四进六　士5进6

29. 炮三进三　马3进4

31. 马一进二　炮1进5

33. 炮九退二　马4进6

35. 兵五进一　炮1平6

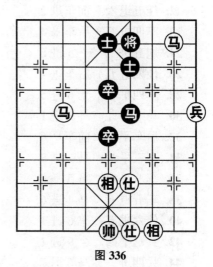

图 336

49. 马三进二　将6进1

50. 马七退六　马9进7

51. 马六进八　马7退6

52. 马八退七（图336）

第169局　王嘉良胜徐天利

1. 兵七进一　马8进7

2. 炮二平三　车9平8

3. 兵三进一　炮2平5

4. 相七进五　卒5进1

5. 马八进六　马7进5

6. 马二进一　炮8平9（图337）

7. 车九平八　马2进3

8. 车一进一　卒5进1

9. 兵五进一　炮5进3

10. 仕六进五　车8进6

11. 炮三进一　炮9进4

12. 车一平三　炮9平7

13. 马一进三　炮5退1

14. 炮八进一　车8退5

15. 车三平四　车8平4

16. 车四进四　车4进7?

17. 炮八平五！车4退4

18. 车八平六　车4平2

19. 马三进五　士4进5

20. 炮五进二　车1平2

21. 车六进六　象3进5

22. 仕五退六　前车进2

23. 车四进三　后车平4

24. 炮五进二　士5进6

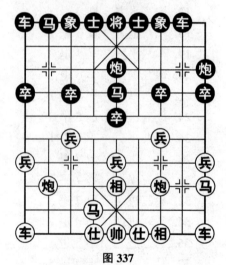

图337

25. 车六平七　车2平4

26. 仕四进五　后车进1

27. 车四退一！象7进5

28. 车四平五　士6进5

29. 马五进七　前车退2

30. 马七进九　马3进1

31. 车七平五　马1进2

32. 后车平三　前车平6

33. 兵三进一　车6进1

34. 车三平八　马2进3

35. 车八进三　车4退1

36. 车八平六　将5平4

37. 车五进一　马3退4

38. 车五退五　马4进6

39. 仕五进四　马6进8

40. 仕六进五　车6进1

41. 车五平四　马8退6

42. 兵三平四　卒9进1

43. 兵九进一　卒9进1

44. 兵四进一　马6退7

45. 兵九进一　卒9平8

46. 兵九平八	马7进5		
47. 兵四平五	马5退7		
48. 兵五进一	马7进5		
49. 兵八平七	马5退4		
50. 前兵平六	马4进6		
51. 兵五平六	将4平5		
52. 后兵平五	马6退7		
53. 兵六平五	将5平6		
54. 前兵平四	马7进9		
55. 兵五进一	马9进7		
56. 兵五进一	卒8进1		
57. 兵七进一	卒8平7		
58. 兵七平六	卒7平6		
59. 兵六进一	（图338）		

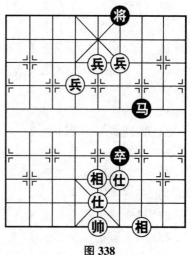

图 338

第 170 局　邓颂宏胜胡容儿

1. 兵七进一	马8进7	**2.** 炮八平六	车1进1
3. 马八进七	车1平4	**4.** 马二进三	车4进3
5. 仕四进五	马2进1	**6.** 炮二进二	卒7进1
7. 车九平八	卒1进1	**8.** 车八进六	炮2平3（图339）
9. 相三进五	卒3进1		
10. 兵七进一	车4平3		
11. 马七进六	象7进5		
12. 车一平四	炮3进1		
13. 马六进七	车3退1		
14. 车八进二	士6进5		
15. 炮二平七	车3平4		
16. 炮六平七	车4进3		
17. 车八平七!	士5退6		
18. 车七平三	马7退5		
19. 车四进七	炮8进5?		
20. 车三平四	车4平3		
21. 前炮平一	车9平8		

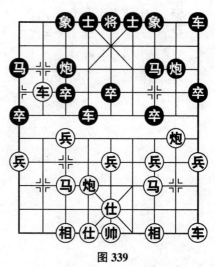

图 339

22. 帅五平四　马5进3
23. 前车进一　车8平6
24. 车四进二　将5进1
25. 炮七进五　车3退4
26. 车四平二!　卒9进1
27. 炮一平四　炮8平9
28. 马三退一　车3进4
29. 车二退七　车3平5
30. 帅四平五　车5平7
31. 车二平一　马1进2
32. 兵一进一　卒9进1
33. 车一进二　马2进4
34. 炮四退二　马4进2
35. 车一进四　将5退1
36. 车一进一　将5进1
37. 车一平六　马2退3
38. 车六退四　车7平1
39. 相五进七　车1平5
40. 马一进三　车5平7
41. 马三退四　卒1进1
42. 马四进五　车7平5
43. 马五退七　车5退2
44. 车六进一　车5进2
45. 马七进六　马3退2
46. 车六退一　卒7进1
47. 炮四平八　卒7平6
48. 相七进九　卒1进1
49. 炮八进四　卒1平2
50. 车六进二　卒2平3
51. 马六退七　马2退1

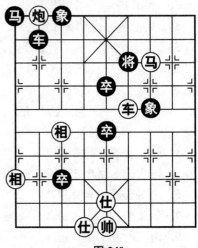

图340

52. 车六平七　卒3进1
53. 马七进五　卒6平5
54. 炮八进三　车5平4
55. 马五进三!　车4退5
56. 马三进四　车4平2
57. 马四进三　将5平6
58. 车七平六　将6进1
59. 车六退二　象5进7
60. 车六平四（图340）